文景

Horizon

# 佚名照

20 世纪下半叶中国人的日常生活图像

晋永权　编著

上海人民出版社

# 目 录
CONTENTS

# 概要

佚名照，指的是照片的拍摄者、被拍摄者及持有者，皆无名姓，准确地说是因为所得渠道——购买于旧书、旧货市场，与照片拥有者阻隔，因而无以得到他们的准确信息。这意味着，此类照片的拍摄者身份信息不明，照片中的被拍摄者身份信息不明，以及照片的原持有者身份信息不明。

通过这些佚落的日常生活照片，本书试图寻找出20世纪下半叶，中国人日常照相行为所建构起来的社会逻辑与历史逻辑。这些影像出人意料地呈现出这一时期中国人生活的表与里、现象与本质，既关乎过往，也预示未来。这是中国人现代精神成长史中的重要环节。20世纪下半叶，指1950年代初期至1980年代末期，这四十年间，正是黑白影像的兴盛时期。这一阶段，是中国社会主义计划经济体制由产生到鼎盛，再到逐步松动的时期，直至向市场经济过渡。无论是社会、政治、文化状况，还是基于物质、技术因素的大众日常生活影像的生产、传播与价值标准都具有特殊性，形成独特的样貌——文本多样，类型丰富，特征明显，成为这一历史时期普通中国人文化道德状况及历史记忆的特殊载体。

通过这些照片，可以观照出中国人日常照相行为的基本内涵与主要特征。其中，表演性、模仿性、符号性、实用性及互图性，是这一时期日常影像的首要特征。这不是基于既成的各种范畴，而是通过大量个案的分析比

1

较，呈现出普通人生活照片历史化的面目——拍摄主体日常实践活动中的主动性，拍摄者与被拍摄者对照相的认知、审美及行为模式。

综观起来，读者不难体悟到，看似杂乱无序的日常生活照片，实则有着异乎寻常的理性秩序，它们无不是建构的产物，无不遵从于历史与现实的规定性。照片拍摄者、被拍摄者及拥有者信息散逸的状况，使得这类影像拥有了共同的身份特征：消弭了个案差异的社会历史建构之物。由个体、家庭及特殊人群的记忆载体，成为公共记忆的共享之物。

"世界成为图像"与"人成为主体"——海德格尔将二者并称为对现代化的本质具有决定性意义的两大历史进程。上述20世纪下半叶，中国人追寻现代化的征程上，无时不与影像——现实与未来生活图景描绘，及作为新社会主体的社会主义新人形貌的建构密切相关。当然，无论是影像建构起来的世界，还是作为主体的个人或群体，其建构之时，便是遭逢解构的倒计时。当塑造这些影像的主流价值体系失效时，这些影像便由新变做了旧。自由拍照、自主记录、随性表达，作为梦想，也是现代中国人视觉文化心理形成的应有之义。

普通中国人的日常生活照片，正是观察这一文化心理现象的重要文本。从这些日常照相行为建构起来的影像世界，也使得人们得以更直观、更感性地理解21世纪的中国人。

# SUMMARY

Unnamed photos refer to those pictures with no record of the names of their photographers, subjects and holders. To be more specific, they were abandoned by holders, so we could only get them from flea markets with no access to their accurate information.

As a result, we have no clear information to identify the photographers, subjects and holders of these photos.

This book aims to explore the social and historical logic based on the Chinese people's daily photographic practices in the special period of the late 20th Century. These pictures have expectedly revealed the nature and phenomenon of the Chinese people's daily lives in that period, reviewing the past and forecasting the future and constituting an important link in the development of their modern spirit. For about 4 decades in the late 20th Century (early 1950s - late 1980s), Chinese people could only take monochrome photos. During this very period, the socialistic planned economy started from the beginning, became prosperous, gradually deregulated and the market economic system basically took shape. The social, political and cultural conditions and the production, dissemination and value standards based on material and technical factors are characterized by the uniqueness in diversified texts, various types and distinct features, which become special carriers of the ethics of the average Chinese and historical memory.

We can learn the basic connotations and main characteristics of the Chinese people's photographic practice from these works, and they can be epitomized as "performativity, imitativeness, symbolism, practicality and interpicturality (intertextuality)".

Through analysis and comparison of numerous cases instead of being based on the existing categories, a historical perspective is presented in the everyday photos of average people – the proactiveness of the photographic subjects in their daily practice, the perception, aesthetics and behavioral pattern of the photographers and those being photographed.

Overall, readers will easily experience a surprisingly rational order behind these seemingly disordered daily images. In fact, all of them result from "construction" and obey the order of history and reality. Due to their unknown creators, subjects and holders, these images share a common characteristic: constructed works of social history with no individual difference; a carrier of memory for individuals, families and special group of persons, a shared common memory.

Martin Heidegger stated that "the world as picture" and "human beings as the subject" are two historical processes that define the nature of modernization. Chinese people's above-mentioned pursuit of modernization in the late 20th Century is closely related to images – portraits of real life and future – and the constructed appearance of talents for socialism in the new era as the subject of the society. For both the world constructed by images and individuals/groups as the subject, the moment of their construction starts the countdown to their deconstruction. These images will get old when the mainstream values behind them become obsolete. The dream to photograph, record and express with freedom is the natural result of modern Chinese people's visual cultural psychology.

Everyday photos of ordinary Chinese people represent the key texts for us to study this cultural psychological phenomenon. The world of image constructed by daily photographic practice also helps us gain an more direct and emotional insight into the Chinese people in 21 st Century.

# 写在前面

汪家明

每个人都有一部自己的照相史——读《佚名照：20世纪下半叶中国人的日常生活图像》，心里忽地蹦出这样一句话。

如今所存自己最早的相片，是1962年9岁时，在家乡青岛龙口路和广西路拐角处的"凤珠照相馆"拍的。我穿了一件白底黑点的外衣，领口翻出毛衣领，有点像女孩儿的装扮；胸前别了一枚毛主席像章（这让我惊讶，那时就有毛主席像章了），圆圆的脸上如同《佚名照》中所说那样"笑一笑"，露出了没长好的门牙。这家小小的凤珠照相馆，绝对是我们那一带居民上世纪50年代至80年代影像的记录者。我家的各种相片：百岁照、周岁照、家庭照、证件照、同学照、好友照、入队照、入团照、入伍照，以及各种名目的日常照几乎都是在那里拍的，连我大姐和姐夫的结婚照也是，而且看上去很不错。至今清楚记得"凤珠照相馆"五个字是隶书繁体红色，从上至下写在门的玻璃上。门边橱窗里摆放着从1英寸到12英寸的样片，以及年轻女子、中年男子的肖像和军人像（附近有海军、陆军军官宿舍）；另一扇面向广西路的橱窗，经常摆电影演员剧照，如《海鹰》的主角王心刚和王晓棠；剧照下面陈列着相机和胶卷——照相馆还兼卖照相器材和修理相机。屋里有布幔和两三套布景，布景与《佚名照》里展示的大同小异。

除了室内照相，在风景点拍照也是由照相馆派出的服务网点进行的。比如我在中山公园的一张留影，用光和构图相当专业，上有"青岛天真照相馆"的标记。我那时正学油画，非常喜欢照相（被拍照），喜欢收集各种影像资料，不但整理了自家的旧相册，还保存了达尔文、杰克·伦敦、高尔基、鲁迅等名人肖像照，乃至马恩列斯毛等"伟人照"。1972年，一位同学家里弄到一台海鸥牌120相机，让他学习拍照以便找工作。我买了两个黑白胶卷请他实习。他一共为我拍了24张6×6（厘米）的底片，送到凤珠照相馆冲印出来。这批相片有几张保留至今，它们记载了我的画家梦、作家梦（摆的姿势和道具都是与作家、画家有关的）。那是我脱离照相馆，自主拍照的开端。

人有爱好，并能在生活和工作中使用、发挥这爱好，是愉快的事。后来我多年从事与影像有关的工作，直到编辑出版《老照片》，算是大大过了一把瘾；因之结交了许多摄影人，更是三生有幸。

其中，晋永权是我知道得比较早、相识却比较晚的一位特别的影像专家。2006年，我在三联书店工作，他的《出三峡记》在我店出版。书中以文字和影像并行的形式，力图通过记录和展示一个个三峡移民和家庭相同又不同的经历，把整个大迁徙立体地呈现出来。为此，他前后5年16次赴湖北、重庆采访拍摄。书的封面是一位光脊梁的汉子，背对观众，伏在顺流而下的船的船帮上，望着远去的三峡。这封面令人难忘。书还在制作中，大家已经热切地期望一本年度好书的诞生。这类好书是可遇不可求的。

从此我记住了晋永权。说他特别，是因为从书中看，他与我以往了解的大多数摄影人不同。比如，面对影像（包括自己的作品），喜欢胡思乱想，还有些多愁善感。他不是技术型的摄影匠，也不是以忠实记录社会和历史为最高追求的摄影家，而是一位身在摄影，又在摄影之外的研究者。他总是跨界，把影像学与哲学、伦理学、人类学、历史学等联系起来分析、考证，发掘出与影像有关却又超出影像的新角度、新思维。有时不免突兀，却总能触动读者。对摄影和写作，他自信，又不自信。即如《出三峡记》，下了很大功夫的一本书，完稿后他想到的却是"拍照能够干什么，能够见证这记忆的深沟吗？这种记录到底是真相还是谬误，诚实还是欺骗，纯粹的想象重构，还是辛苦得来的可靠洞见呢？""被书写出来的文字，哪怕是原话照录的文字，一旦脱离开言说者这一母体，她瞬间就成了语言的孤儿，被不同背景不同心态的读者赋予了不同的内涵。"

几年之后，晋永权推出了新作《红旗照相馆：1956—1959年的中国摄影争辩》，书名红底黄字，上面一行小字写着：一部中国摄影的断代史，一位摄影人的沉思录。我买了一本。在自序里，他对报社里的老报人和家乡姑奶奶都把自己看成"照相的"而困惑和不甘。但又明白，这种看法是一种无法摆脱的"历史规定性"在起作用，并由此上溯至20世纪50年代中国摄影界的一场争辩，争辩的话题发端于"组织加工与摆布问题"，止步于"新闻摄影到底是什么"。书中的作品和观点涉及很多老一辈摄影人。在后记里，他又一次谈到"一部书稿从写作完成之时起便有了自己的命运。作为文本，她将遭遇读者的多重解读。""这里所做的解读也是不完整的，更不可能是结论性的"——仍旧是自信之外的自虑、自谦。我喜欢他的这种个性。

从2006年，到2009年，再到2018年，与《出三峡记》《红旗照相馆》密切相关的晋永权的朋友和同事中，起码有八九位也是我的同事或朋友；而我所熟识的很多摄影人，其实他更为熟识，但我俩硬是没见过面。直到中国摄影书榜评选和这部《佚名照》，一次偶然也不算偶然的机会，我们相识了。他比我想象的年轻不少，但已非常老到，思想活跃、思路广阔而又心思缜密，可以同时做几件事情而有条不紊（同一时期组织策划了《我和我的祖国》大型摄影展）。《佚名照》这样一部宏大的著作竟然是在做报社摄影部主任、摄影出版社副总编辑和摄影杂志主编的业余时间完成的。这部书稿的材料，是他二十年来购买于旧书、旧货市场的数千张不知像主的相片，其最大特点就是驳杂、无序，累积、编织起来已属不易，还要通过它们去研究中国摄影史中从来没人关注的部分——平民百姓的日常拍照行为（不是我们一向关注的摄影家和摄影"作品"）。这是一项开荒性工作。

名与实似乎是晋永权一直特别关心的问题。在《出三峡记》中他就说过："名字的事让我想了很久。名字重要吗？你从没有听过的那个名字真能给你带来什么信息吗？不能。在熟悉、关注你的人那里，名字是被赋了了诸多内涵的标识，这个标识之所以被记住，往往是因为她也是记住你名字的人自身的参照系；而在与你无关的人那里，名字就是一个毫无意义的符号，与其他那些无意义的符号一样，与你无法形成参照，因而难以进入你的记忆识别程序。"

而这一次，他以从未下过的苦功，来解读数千张"佚名照"。饶有意味的是，他认为，正因没有被拍摄者、拍摄者和持有者的名字，也没有相片内容的明确信息，所以才能进入一种别样的解读：

> 佚名照摆脱了当事者，从而为基于影像本身分析、判断，结合历史文化背景和大量个案的集中归类进行整体观照提供了可能。

他的这一说法给我以启发。过去我曾强调，老照片如果没有人物、时间、地点、事件等信息，就只是一些形象资料，没有多少价值和意义——《老照片》的主旨就是讲述照片背后的故事。现在看来，我偏颇了。

那么，整体观照，观照什么？他论断：看似杂乱无序的日常生活照片，实则有着异乎寻常的理性秩序，它们无不是建构的产物，无不遵从于历史与现实的规定性，只是"百姓日用而不知"罢了……他坦承：这本书是十年前那本书（《红旗照相馆》）的姊妹篇，探讨的话题十分不同，又十分相关，对照阅读可对理解20世纪50年代至80年代这一历史时期，摄影（照相）与中国社会、政治生活乃至文化心理的形成的关系，提供一个独特的角度。

的确，在《佚名照》中我看到了从农村到城市，从体力劳动者到文化人，从平民到军人，从男人到女人，从孩童到老人，从50年代到80年代……完全不同的芸芸众生，在面对照相机时，却表现出非常一致的东西：时代之色，时代之光，以及表演性、模仿性、符号性。表现什么？追慕什么？什么符号？单用语词说不清楚。晋永权通过对成百上千的相片分类和比对（互图性）得出多层次、有见地的答案，堪称一部中国百姓照相史稿。

离开家乡多年，我不知道凤珠照相馆是何时消失的。这不奇怪，拍照如今比写字还要普及，数字成像改变了视觉世界，也彻底改变了中国人的影像生活。但是那个年代留下的相片仍让我珍惜。再度翻看自己的老相册，我发现，虽然这些相片有名有姓、信息确凿，却与《佚名照》中无名无姓无明确信息的相片如出一辙：近似的感情，近似的表情，近似的姿态，近似的环境，近似的尺幅——往日的昂扬和梦想都写在脸上、记录在案。也许，这就是我喜欢《佚名照》、对书中那一张张相片特别有感觉的原因？如此看来，佚名和有名并非关键，关键在于如何看、会不会看，在于眼光的高度、广度与角度……是的，角度！

2019年10月8日

# 自序：佚名之名

晋永权

佚名，日常生活相片的宿命。

眼下这本书不是再一次重构旧日世界，更不是对逝去的日常生活样貌借影像涂抹上一层温情而迷幻的色彩。

本书通过佚落的日常生活照片，试图寻找出20世纪下半叶，中国人日常照相行为所建构起来的社会逻辑与历史逻辑。这些影像出人意料地呈现出这一时期中国人生活的表与里、现象与本质，既关乎过往，也预示未来。其中隐含着中国人现代精神成长史中的重要环节。

还有一个企望，就是探索中国人日常照相行为的基本内涵与主要特征。这不是基于既成的各种范畴，而是通过大量个案的分析比较，梳理出普通人生活照片历史化的面目——拍摄主体日常实践活动中的主动性，无论是拍摄者，还是被拍摄者，对照相的认知、审美及行为模式。

"世界成为图像"与"人成为主体"——海德格尔将二者并称为对现代化的本质具有决定性意义的两大历史进程。上述20世纪下半叶，中国人追寻现代化的征程上，无时不与影像——现实与未来生活图景描绘，及作为新社会主体的社会主义新人形貌的建构密切相关。当然，无论是影像建构起来的世界，还是作为主体的个人或群体，其建构之时，便是遭逢解构的倒计时。当塑造这些影像的主流价值体系失效时，它们便由新变做了旧。自由拍照、自主记

照相馆里·标准照，P228

录，随性表达，作为梦想，也是现代中国人视觉文化心理形成的应有之义。

普通中国人的日常生活照片，正是观察这一文化心理现象的重要文本。这些日常照相行为建构起来的影像世界，也使得人们得以更直观、更感性地理解 21 世纪的中国人。

## 何为佚名照

佚名照，指的是照片的拍摄者、被拍摄者及持有者，皆不知名姓，准确地说是因为所得渠道——笔者多年来陆续购买于旧书、旧货市场，因而与上述人员阻隔。这也是进入公众视野，绝大多数普普通通中国人日常生活"老照片"的宿命。时移世易，它们与家庭成员、亲友，甚至本人分离，飘散于风尘中。更进一步，这些数量巨大、类型丰富，作为普通中国人日常生活主要影像形态，且流布甚广的照片，拍摄者不明，这也是日常生活影像形成的惯例。特别是随着照片文本的散逸，脱离开原有的言说语境、观看环境，这些承载着中国社会特殊历史时期，个体、家庭、亲族，以及群体、机构，意识形态样态、物质文化状况、审美潮流改变等记忆的文本实物（黑白照片）也日渐淡出公众视野，意义模糊，甚至最终消失。

佚名照显然有别于那些拍摄者或被摄者及其相关人仍然拥有的照片，后者是被当事人掌握，它们随时会被以毋庸置疑的口气解读着，完成自身的叙事价值。不可否认的是，这样的言说，除了当事人认定的事实外，因为相关，便不可避免地有着诸多猜测、臆想与添加的成分。而恰恰是这些脱离当事者，与之分离的佚名之作，为研究、呈现提供了新的可能性。

在主流影像话语的言说体系内，佚名照一直籍籍无名，除了作为历史叙事的辅助之物，或作为对过往寄托浪漫想象的载体外，严肃的研究者很少关注这一巨大的存在。

作为一种独特的影像文化现象，普通中国人的日常生活照片恰恰为特殊历史时期的社会形态研究，提供了难以替代的实证价值和言说的诸多可能，为一个迅速冷却的昨日世界，保存了感性的温度。


## 时间、材料与技术


本书中的20世纪下半叶，主要指1950年代初期至1980年代末期。这一阶段，是中国社会主义计划经济体制由产生到鼎盛，再到逐步松动转型的时期。无论是基于社会政治文化状况，还是基于物质、技术因素的大众日常生活影像的生产、传播与价值标准都具有特殊性，形成独特的样貌——文本多样、类型丰富、特征明显，成为这一历史时期记忆的特殊载体。

对于普通中国人来说，特殊的照相物质材料——相机、胶卷、相纸、冲印设备、药液、材料等，还有专门的技术、专业的技能，都与包括计划分配在内的社会管理手段密切相关。黑白照片已经十分珍贵，彩色胶卷及其后期的冲印制作，普通人更是望尘莫及。对于物质匮乏的社会、生活困窘的大众来说，影像的生产、传播，图式的类型选择确定，以及材料技能都十分短缺，更不要说照片的内容了。总之，拍照依然是一件十分难得且特别的事情，它受制于多重规定性。诸般现实，决定了这一时期日常生活影像的特点。

这一时期的日常生活影像，从物质材料及生产方式上看，是典型的摄影术发明以来形成的传统：光学、化学、机械、手工，个体化操作与社会分工协作等。放眼世界摄影史，中国的状况也并不例外。

恋爱中的男女，或遵从父母之命、媒妁之言、组织安排，那非步入婚姻殿堂的年轻人决定一起拍照时，是最美丽动人吧？两情相悦，再加上恋词蜜语，还有比这更美的世界吗？

照相馆里·爱人同志，P242

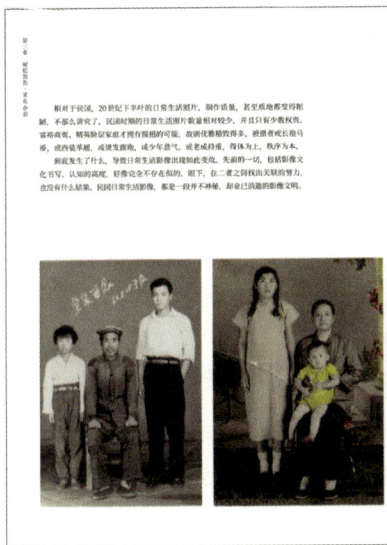

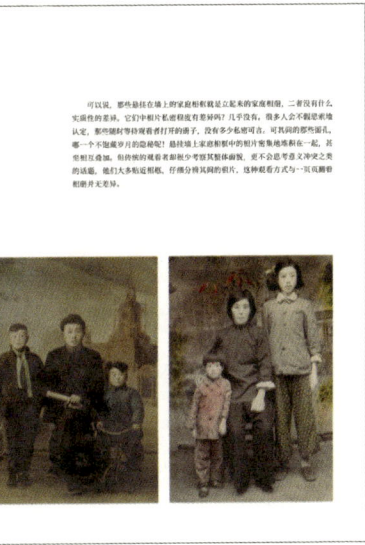

相对于民流，20世纪下半叶的日常生活照片，制作活跃，甚至质地都变得粗糙。不那么讲究了，民间时期的日常生活照片数量相对较少，并且只有少数权贵、富绰商贾、精英阶层家庭才拥有拍摄的可能，故谓优雅修养得多。被缝着或长涂马嗤，或西装革履，或摆足做简，或老成持重，身体与土，秩序与不，拘泥发生了什么，导致日常生活影像出现如此变化。先前的一切，拍摄影像文化书写、认知的高度。照像完全不存在的时，眼下，在二者之间找出的关联的努力，也没有什么结果，民间日常生活影像，都是一段并不神秘，却是已凋题的影像文明。

可以说，那些悬挂在墙上时家庭相框就是立起来的家庭相组，二者没有什么实质性的差异。它们中相片也遗程度有差别吗？几乎没有，很多人会不假思索地确认定，那些悬挂墙壁的家庭相片中的都市放照，可凤闲的都凸凹了，哪一个不是照壁月的隐隐吗？悬挂个月家庭相框中的时常集地难挤在一起，且那相互叠加。但仔细的观看者却无须少奖更察其整体幽微，更不会思考文冲凑之类的话题。他们大多贴近相框、仔细分捧其网的相片，这种观看方式与一页瓦翻看相册并无差异。

照相馆里·家庭合影，P268

1980年代中期之后，伴随着改革开放步伐的加快，物质生活水平提高，照相材料的普及与制作的便捷，使得照相之于普通人渐为寻常之事。全自动（傻瓜）相机的普及，彩色负片的普及，冲扩服务的普及，推动了影像大众化浪潮。在这一背景下，新的技术实践、美学趣味得以产生。后来随着数字摄影、手机拍照的出现，中国更是进入了全民照相时代。

　　彩色负片与数字影像普及时期的影像文化状况，与本书所探讨的影像类型及其特点，都有着巨大的差异。特别是进入数字时代以后，日常生活影像的生成传播方式，包括其所承载的道德伦理状况与"佚名照"的差异已不可同日而语。

## 日常生活摄影

　　本书所涉及的历史时期的日常生活摄影，对应的是意识形态管理机构组织生产、传播的摄影形态，包括其所建构的价值标准与美学原则，通常也被称作"宣传摄影"。拥有照相机的大众作为拍照主体，而实现的影像实践行为，以及在日常拍摄行为中形成的影像认知，被称作日常生活摄影图式。

　　日常生活领域的影像行为与认知，无时无处不隐含或体现着以规训为目的的视觉策略和意识形态影响，以及对日常生活影像生产（拍照与制作）、传播（公共媒介渠道与一定范围观看、赠与）与消费（交换与交易）的干预。另一方面，日常生活摄影与日常生活一样，又有着自身独特的逻辑、特点与样貌。值得注意的是，日常生活摄影与宣传摄影之间呈现出复杂而又暧昧的关系——既效仿后者，奉之为圭臬，又游离、摆脱，自成一体。

　　因此，看似杂乱无序的日常生活照片，实则有着异乎寻常的理性秩序，它们无不遵从于历史与现实的规定性。照片拍摄者、被拍摄者及拥有者信息逸散的状况，使得这类影像消弭了个案差异，由个体、家庭的记忆载体，成为公共记忆的共享之物。

依据拍照的空间来划分，这些照片包括室外拍摄与室内拍摄两种类型。

室外拍摄，主要包括自然风景、名胜古迹、革命圣地及普通生活场景。山水、树木、花草、雕塑，包括政治视觉符号，成为日常生活影像生产的标准化模件。

相对于政治意识形态范畴的宣传影像，20世纪下半叶的日常生活摄影，还包括与大众生活密切相关，由照相馆主导、遵从政治与商业意识形态诉求及大众审美趣味所塑造的影像类型。家庭相片是其中的一部分。另外，日常生活摄影还包括大量公众日常交往中的各类影像，以及少量摄影个体"创作"的影像。


## 基本内涵与主要特征

佚名照摆脱了当事者，从而为基于图像本身分析、判断，结合历史文化背景，大量个案的集中归类进行整体观照提供了可能。


### 一、政治意识与商业意识的双重建构

通过对大众日常照相行为及其影像样态，包括审美趣味的引导、规制，以达到重新塑造个体及社会的目标，这是照相管理者的基本任务之一。

1956年是一个重要的时间节点。这一年，照相业全行业公私合营基本完成。原来自主经营、自行管理的私营照相机构，通过"合营""捐赠""外

照相馆里，P226

20

照相馆里·友谊长存，P275

时代（上）·男人与女人，P396

迁"等方式，成为集体企业或国营企业的组成部分。在上海、杭州、北京、天津、广州等城市原来松散的照相业同业公会，也变更成为由政府商业机构（商业厅、局）下属机构——饮食服务公司或百货公司，来进行行政化、规范化管理。

这种改变，强化了照相产业的计划属性，从材料的供应到市场的投放，从商家主导的服务到适应大众需求，把原来分散的、手工小生产者经营方式的照相业，逐渐转变为有计划的、规模较大的影像生产商业行为。这一过程并没有淡化照相馆的意识形态属性，相反，随着时间的推移，到1960年初，商业部饮食服务局直接把照相馆确定为政治文化生活的宣传窗口，从业者在专业身份（照相师傅）之外增加了新的身份（政治宣传员）。照相业无论从生产的内容形态到审美趣味，都得到了规制。自此，政治意识与商业意识在大众日常影像生产领域实现了结合。

也正是在这一年的年底，集行政管理、行业规范及学术研究交流为一体的中国摄影学会在京成立。这一组织以引领行业精英，进而影响基层摄影工作者的日常拍照行为目标，从一开始就是十分清晰明确的。同一时期新组建的新闻宣传部门也陆续扩充、成立了摄影部，或称为照相组。通过审慎选择宣传题材、对照片进行精心处理，用直观的形象语言，达到引导大众的目标。

到1963年，对基层影像行为的管理模式已经基本建构完成。在所有影响大众日常摄影行为因素中，这可视为最为基本的影响。与此同时，一直伴随着对旧社会内容与美学样态，以及不符合新社会规范的图像的清理。1966年，源自北京进而波及全国的"破四旧"烧毁旧照片行为，只是这一清理的高潮而已。1960年代后半期，原本丰富多元的大众日常生活影像，几乎只剩下由照相馆拍摄的正面平光照一种，便是例证。随后，上述影像生产的管理机构虽然遭到冲击，但其确立的准则、模式已经固化，且深入人心。

## 二、传统文化意向与日常生活审美情趣的混搭与再造

这一时期，普通中国人的照相知识是如何获得的呢？

技术的掌握多是口口相传、相互习得，师傅带徒弟的结果。无论是照相馆内的集体拍摄行为（包括灯光、背景与道具布置、服装安排、化妆等），还是家庭、个人对照相机的使用、后期的制作等环节，个体的技术水平、观念、理解力，特别是对于那些诸如构图、用光、审美、表现等约定俗成规范的运用，便有了既来自传统视觉知识的想象，又有当下烟火气再现的双重特征。这正是日常生活影像的价值。

在此期间传统文化被标签化、背景化，大多被斥为封建主义腐朽旧文化，帝王将相、才子佳人以及他们的生活方式、价值取向、审美偏好备受批判。而对西方和民国时尚文化的排斥，则是另一端。以西装革履、烫发旗袍作为象征，从反对资产阶级到反对资产阶级自由化思想，多数人既不了解西方文化的历史，也不了解同一时期现代摄影的基本状况，更不要说做出独立的判断了。对于世俗社会照相文化史的基本观点，人们在拒斥中，努力建构着自己理解的常态。

国人的日常照相行为，在本土既无多少视觉传统参照、模仿，也无西方经验借鉴。源自于上世纪二三十年代苏联时期的社会主义现实主义影像类型，与普通大众的影像实践行为距离甚远。而中国传统儒家思想所订立的三纲五常适逢被批判，其规定的道德准则与伦理秩序自然也就无从谈起了。

于是，植根于心的经验及想象便发挥了作用。这种经验与想象面向世俗生活场景，借助照相机——这一陌生、异质而又奇特的现代性工具，创造出颇为独特的"中国式照相"影像来。

时代（上）·男人与女人，P398

自摄影术传入中国，至上世纪二三十年代，被传统文化精英掌握以后，美化人生、陶冶情操，成为一个突出的，且迥异于西方传统的摄影现象。照相机这一西方社会现代产业的物件儿，被中国化为另外一支自然之笔——毛笔。山川河流、花草树木、小桥流水、亭台楼阁、晨钟暮鼓、云散长空、踏雪寻梅……都是国人照相时永久流连之所。把人置于此境，似乎才是心安之所。

　　在各类日常生活影像中，或显或隐地能看到国人的传统文化心结。这种把传统意向外化于照相行为的做法，自然会产生许多与现实场景的混搭、再造，特别是体现世俗价值选择与审美趣味的影像类型。因为绝大多数国人的日常照相行为，所面对、处理的都是自我眼前现实的世界。人们只对保留自己、家庭与熟人社会的形象感兴趣，只对传达自己内心世界的感受感兴趣。这意味着，普通中国人的影像实践中，还没有表现出对于社会、政治生活及其文化道德状况的系统观察与表达，更不要说用照相机这个工具实现对人类命运的自觉表达了。从功能上来说，此时的日常生活影像行为还处在纪念留影、自娱自乐、自给自足的影像文化第一阶段层面上。

　　三、新影像类型的产生与其互图性特征并举、共生

　　历史地看，20世纪下半叶日常生活影像最突出的特点就是无处不在的照相表演行为。相较于之前之后，表演拍照可谓登峰造极。如果有"新图式的创造"之说，那么，这期间集中产生的下述影像类型，如指引、读书看报、戏剧化的程式、站如松等等，就具有这类图式的典型特征。

　　这种影像的出现是应现实需求的结果。对照这一时期各类广为传播的文字材料，可以看出这些影像的产生源于宣传口号，也可以说此类影像的产生是口号视觉化的结果。受这类宣传口号，或其他同类视觉产品（如宣传画，

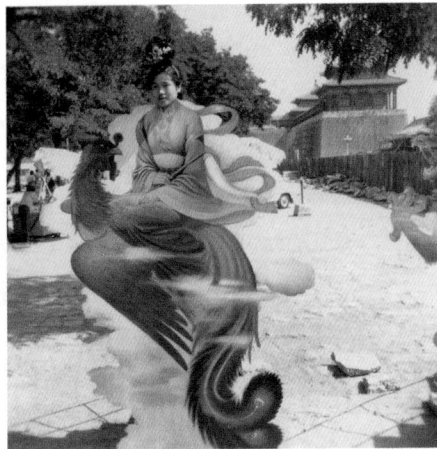

时代（上）·粉墨登场，P562

或宣传照中带头人指引、指示手势）的影响，大众在拍照，特别是在户外拍照时便模仿拍摄出大量此类指引式照片。这是一种自觉自愿的行为方式，也是摄影行为中的新语言，具有很强的表演性。其最初的来源无从考证，但至少在上世纪50年代前期，这类影像还较为稀见，60年代开始逐渐增加。当然，这类新语言的消失也无从考证。总之，到80年代中后期逐渐减少。类似的新影像语言，如读书看报、站如松等等，无不蕴含着时代的特征，又无不随着世风的改变、旧的价值体系的瓦解，而烟消云散。

较之于民国时期的日常生活照片，本书所呈现的影像类型可谓丰富、多元，被拍摄者的体态语（肢体语言）也无比丰富，甚至出格。基于性别或阶层的体态语差异化，出现了含混的状况。之后，虽然自动照相机普及、扩印制作便捷，西风东渐，异域影像日渐流布，但基于本土大众日常生活影像新的形态却并不多见。当外部世界的喧嚣蜂拥而至时，内部反而安静了。这正是日常生活照相文化的吊诡之处。

如何解读这一历史时期丰富多元的日常生活影像？它们之间呈现出何种关系？通观这些照片，唯有"互图性"（Interpicturality）一词可以表述、解读这种关系。这个生造出来的词借用了茱莉亚·克里斯蒂娃（Julia Kristeva）1966年创造的，开启文本解读全新世界的新词语、新工具——互文性（Intertextuality）。这些日常生活影像是在吸收、改造其他影像的基础上产生

27

1964年7月发布的《关于加强对各种人拍照片和底版照片管理的联合通知》，从照片内容、印制质量的审核、翻印制度，是什么机构的指定，系列已有照片用的处理，无所不包。对于民间影像，包括家庭空间内各类影像的研究者来说，无论如何，"联合通知"都是一份无法绕开、值得高度关注的文本。

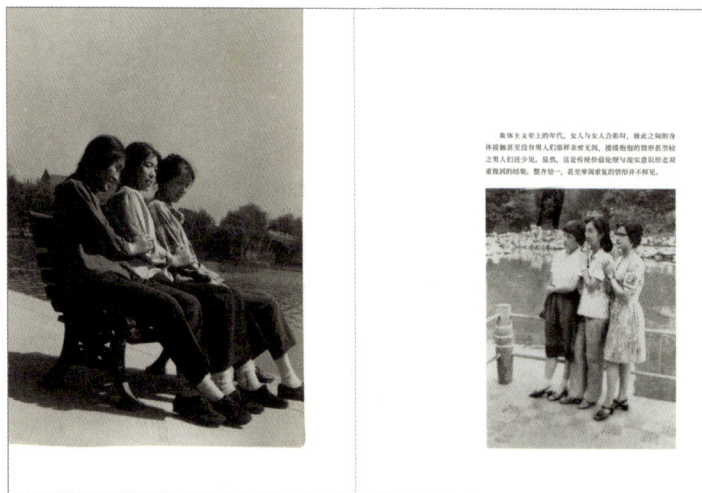

集体主义至上的年代，女人与女人合影时，彼此之间的身体接触甚至没有男人们那样亲密无间。搂搂抱抱的情形甚至较之男人们还少见。显然，这是传统价值伦理与现实意识形态双重挤压的结果。整齐划一，是史单调重复的情形并不鲜见。

上：时代（上）·指引，P534
中：时代（上）·女人与女人，P370
下：在户外·人与水，P122

28

在户外·名胜足迹，P199

在户外·人与动物，P142

的，任何影像都不是孤立的，它们相互依存、借鉴。依此便可以拆解这些影像的边界，看到它们之间相互缠绕又彼此分离的事实。

互图性除了指单个照片之间的关系外，还指同一影像，或同一类型影像在不同语境中所承载的功能与意义，也就是说，作为组成部分，同一影像在不同语境中的作用。

在普通大众日常照相行为中，某种影像类型创造性的开始就意味着结束，影像的狂欢与沉寂几乎同时到来。人们对此却毫不在意，不同阶层之间有着高度的默契与统一。就像我们在书中看到的这些被遗失，被丢弃的日常生活照片一样。

## 四、规训与叛逆，控制与散逸的双重变奏

日常生活照片与宣传照片之间到底是什么关系？这是一个既令人着迷，又使人困惑的话题。在很长一段时期里，宣传照片几乎无处不在，那些以"现实主义"手法呈现的"高大全、红光亮"人物与场景，辅之以精心修饰的"自然主义"色彩的光芒，表面上看几乎是毫无悬念地占据、主导着大众的影像认知与审美趣味。照片所呈现的大家庭样貌、阶级友爱、战友之情、同志之谊，田园牧歌以及青山绿水之间矗立起来的铁塔、水电站大坝、桥梁，出现的汽车、火车、轮船等现代化场景，无不昭示着新社会新气象。即便是在

田间地头、公园、学校，甚至家庭内，在精心组织下，经过专业化的灯光布置、服装道具准备，影像世界中庸常的生活也宛若舞台般让人心生向往。在此，审美服务于意识形态，并完美地体现了意识形态。

对于大众来说，眼前这些整日相伴的宣传照片，无疑是他们拍照的直接模仿目标。归纳分析大众日常生活照片，或隐或显，无论从题材还是审美风格上都能看到上述影子。这种关系是毋庸置疑的，但在这些照片大量进入公众视野之前，仅仅被分散的个人、家庭或机构拥有的时候，对此进行分析比照几乎是不能的。从这一意义上说，日常生活照片的散逸，对于研究者、收藏者来说称得上是"福音"。

问题是，普通人、佚名者——照片拍摄者、被拍摄者，包括照片的拥有人，他们大多缺乏专业的指导，仅仅是爱好而已。在拍照行为实施过程中，他们显然难以在技术上全然模仿上述宣传影像，很多时候，简易的器材也难以达到技术上的要求。而且，宣传图式类型的千篇一律，无疑会带来审美疲劳。当大众，或者他们中间的少部分人掌握了武器——照相机、放大机等，个体表达的空间便开始无限延展。事实上，对宣传图式审美趣味的逃逸，也是一种强大的力量。一些人从拿上相机的第一天开始，便走上了自我表达之途。

进入1980年代，随着全面拨乱反正，国门逐步开放，社会重构步伐加快，特别是诸多思想禁忌被打破，随之而来的是，人们习以为常的影像价值体系瓦解了。大众拍照行为也开始丰富多样。最为显著的是，僵硬、呆板、模式化的身体语言逐渐被放松无忌的状态所取代；人们拍照的场域也极大延展——照相机抵达的地方就有了照片。这一时期拍照队伍迅速扩大，照相的人数迅速增加，不同阶层、不同身份、不同性别、不同行业、不同经济收入拍照人群的加入，使得本书所述这一时期呈现出另一种多元混杂

的面目来。

随着政治意识与商业意识对日常照相行为的规制放松，大众对视觉想象的浪漫心结随着现代化进程的加快，日渐梦醒。对这一时期产生的影像进行分析比较，可以发现一个特殊的现象，那就是大众照相行为中无从安放妥帖的身体及其举止——一批装扮奇特、行止怪诞的人与环境关系照片出现后，又很快消失了。人与自然的关系、人与环境的关系、人与人之间的关系，错位无序了。人们的照相行为变得恣肆放纵起来，再也不是先前那些四平八稳、规矩拘谨、精心设置的图式了。在大众狂欢的影像世界里，因日常生活本身出现了缝隙，松动了，影像的解放，包括放纵，便一发不可收拾起来。

还有什么能比这些大众创造的五花八门的相片，更能反映我们同一时期的文化道德状况呢？

## 文本的获得

1980年代中期开始，随着中国社会开始加速变革，工业化、城镇化步伐的加快，社会控制的放松等因素，促使个人、家庭，甚至家族、地域人口大规模流动。原有社会关系链条的松动、家庭居住空间变化，特别是随着家庭、个体收入的逐步提高，改善生活和居住条件，便成为诸多普通中国人基本的、也是一个时期以来最高的生活目标。

新的、更加符合20世纪下半叶审美文化潮流的生活物质材料的取得，客观上促成了人们对旧物件的弃置。在这一背景下，那些大量的日常生活照片得以流散到旧书、旧货市场及其他人手中。本书涉猎那些黑白发黄甚至日渐斑驳的旧照片，基于意识形态的变迁、审美标准的变化，急于摆脱旧日生活记忆的"富起来"的大众，都已经从私人生活领域大量进入公共场合——旧书、旧货市场，甚至废品收购站。这在客观上使得研究者便于集中阅读观看、系统调查研究，及根据研究需要大量购买、使用。

在民间社会，人们对待相片有着十分矛盾的心理。一方面，人们渴望留影纪念，保存个体、家族及群体的记忆；但另一方面，又有抛弃，甚至焚毁的习俗——特别是照片的主人去世、人们的情感破裂，或群体中的人物出局等状况。不留存无关人物或被认为是另类之人的照片，也是民间的共识。这些状况，也促成了日常生活照片成为佚名之照。

本书照片收集起于21世纪初期。自开始到本书呈现在读者面前，编者对于此类照片材料，只关注那些佚名之作，来源于街头坐商游商、网络商店上，陌生人贩卖的无主之像。它们大多价格低廉、品相一般，在流通过程中被精明的图像贩子与试图建构宏大叙事、努力寻找"有代表性照片"的聪明人反复筛选淘汰下来。佚名照的命运理当如此吗？当然，在更多的时候，他们对此类照片还无暇顾及，自然也难以理解这些庸常的图像有何价值。这种状况，21世纪初期如此，近二十年过去了，还是同样。再过二十年，恐怕还是如此。

与照片的当事者保持信息不对称，与其说是客观原因造成的，倒不如说在某种程度上是编者有意而为之的结果。其间，曾拒绝了诸多亲朋好友的馈赠。他们中的一些热心人曾表示愿意提供当事人的线索，更有甚者还有人希望自己的照片能够印到纸上，并且表示怎么用都可以，当然主要是多加美言。凡此种种，编者认为皆伤害"佚名照"解读的客观性原则，那些材料的进入同样会妨害"佚名"内涵的严谨性。惟其如此，分类、解码才能更加理性吧！

本书照片部分来自北京、上海、南京、西安、广州、杭州、合肥、福州、昆明、贵阳、成都、兰州、西宁、乌鲁木齐、沈阳、长春、哈尔滨等地

的旧货市场、实体旧书店、古玩城等处，更多的来自于一些地级市或县城偏僻而又寒酸的实体旧书店与旧书网上商店。有一些网上旧书店，标明的地址是街道，甚者标注的家庭地址，抑或村庄。可以看出，一些照片拍摄地与上述售卖地域有关联，有的却毫无关系。因为，那些照片的驻足之所，只是它们漂泊旅程中的暂时栖身之地。事实上，没有关联的比例还要更大。

　　总的来说，这些照片既不是名人相片，也不是名人之作，尺幅很小，品相不一。对于许多摊主来说，它们既不上相，自然无从卖出个好价钱。而对于本书的编撰来说，却是难得的好事、幸事。

　　图像的获得只是编撰的第一个环节，困难在于，要对这些特定历史阶段的日常照片进行理解与吸收，对相关信息进行解码和分析。在此基础上，再进行分类、归纳，寻找出理性秩序来。如果相关知识储备不足，也做不好这一工作。当然，这一过程中，对特定时期日常生活政治、文化意涵的理解，以及对日常照相行为的感同身受，同样至关重要。有时候，这种感性认知甚至比那些条分缕析的社会科学方法更重要。毕竟，对于这些日常生活图像自身话语体系与逻辑的探究，并无多少现成的成果可以借鉴。从这个意义上来说，编者虽倾心尽力，但难免力有未逮，本书权当抛砖引玉，以期来者吧。

　　所有的照片都是文化惯例和公认视觉符码的视觉再现。只是惯例恒定吗？公认的东西不会动摇吗？当曾经的价值体系失效之时，当符码的意义瓦解之时，有关日常生活图像自然翻开新的篇章。

# 第一章

# 日常生活
# 影像的特征

表演性、模仿性、实用性、符号性与互图性。这些能够概括20世纪下半叶，中国人日常照相行为及其图像的主要特征吗？

　　本书影像样本的采集与分析，特别是对这些影像基本内涵与主要特征的分析，深受东欧新马克思主义的重要代表人物、布达佩斯学派最主要的代表人物阿格妮丝·赫勒（Agnes Heller）日常生活世界理论和日常生活批判理论的影响。这一影响贯穿照片的收集、分析始终。

　　作为文本，这些影像被建构的过程不但没有完成，相反，读者诸君参与阅读并进行创造之途永远在路上，围绕这些佚名之作的话题无穷无尽。

## 表演性

　　国人照相行为中的表演行为无处不在、无时不有，几乎成为全民约定俗成的下意识动作。人们在照相行为中，充分地发挥着自己的主观能动性。拍照场域，对于被摄者来说，是基于拍摄者在场，并对照片传播过程中的观看主体的存在及感受，存在想象的拍照行为。表演具有娱乐性，但更多的是一种视觉化的行为表白。

　　照相不就应该是这样吗？惟其如此，才能与凡俗而又琐碎的日常生活相区别。这一时期，日常照相行为中最为普遍的现象难道不该这样吗？有人会反问。性别、身份、职业、阶层、立场、民族、审美取向，甚至体态语，都是表演的对象与目标。

## 模仿性

　　电影、戏剧中的人物，还有一些社会公众人物，大凡主流的、流行的，甚至想象异邦人士的生活方式，不都是照相行为中模仿，另一种说法叫做"学习"的目标吗？先进人物、模范人物，那些可以当作榜样的人，塑造他们的目的不就是供群众模仿、效仿的吗？

　　照相时模仿的图式主要来自无处不在的宣传影像（也可称之为"时尚"），侧重于对主流意识形态，包括主流文化襃扬的人物的行为举止进行模仿。

　　人们可以模仿舞台、屏幕上的人物造型，自然也可以模仿身边的榜样。在照相这件事上，被模仿的对象本身，渐渐转化为抽象的符号了。对于日常生活中占主导地位的政治、商业及流行时尚影像的模仿是单向度的，也就是说，只有大众对主流的模仿，下对上的模仿。普通人的照相行为中，这类影像大量存在。

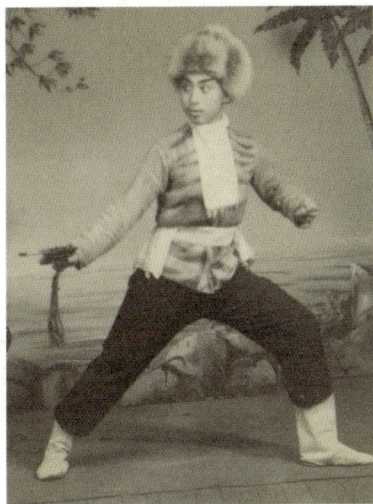

# 实用性

保留可视的形象，保存记忆，无论是个人、家庭，还是集体。照相术之于国人，无论是接受还是流布，都是从实用开始。有用，国人方熙来攘往，乐此不疲。有用之于照相，是拍摄者与被拍摄者的理性行为。

日常照相行为大多以到此一游、留影纪念这样实用原则为目标，因此产生了大量类型重复的照片。大众日常影像的重复性与他们影像知识的欠缺有关，同时更与彼时的社会环境相关。纵是日常生活影像，从拍摄、制作到传播以及取材取景与审美趣味，也都有无形的边界。

实用，也是规定性的产物。

并肩前进 为铜而战
59.4.7.

# 符号性

　　建构、选择拍照空间时，挪用被主流意识塑造、确认的各类符号，构建出照相符号场域。在此期间，传统的文化符号反而经常被忽视。政治的、商业的、文化景观的等各类流行符号大行其道是为常态。人们热切地追寻这些符号，欣喜地把它们放到取景框内。

　　那些特征鲜明的影像符号，像飞舞的蝴蝶，在日常影像的迷障间穿梭。它们是后来者遥想往事的向导，带领人们辨识往昔。

## 互图性

　　这一时期的日常生活影像，你中有我，我中有你，既相互分离，又彼此缠绕。看似无关的影像，无论是地理的，还是历史的，都有着瓜葛，它们相互印证着这个时代。

　　"互图性"，直接借用了茱莉亚·克里斯蒂娃1966年创造的开启文本解读全新世界的新工具——互文性。这些日常生活影像是在吸收改造其他影像的基础上产生的，任何影像都不是孤立的，它们相互依存、相互借鉴。依此便可以拆解这些影像之间相互缠绕又彼此分离的事实。大量新影像不断诞生的过程，也是彼此相互借鉴、互为文本的过程。本书某些影像反复出现，在不同语境中，承担着不同的角色，传达着不同的意义，正是互图性的体现。

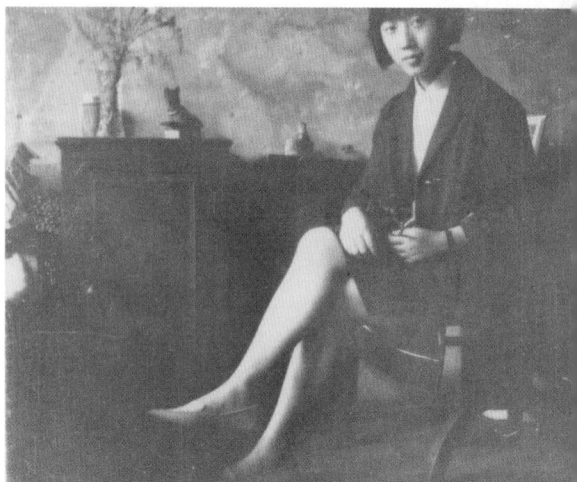

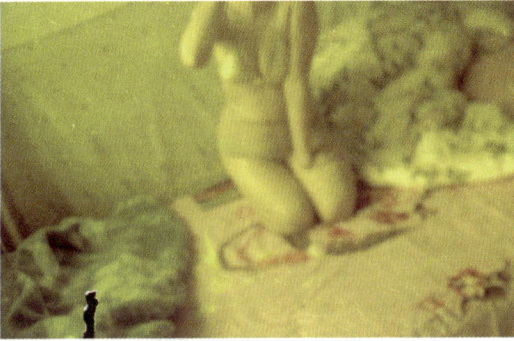

第二章

# 在户外

拍照场所分类，日常照相行为主要包括户外与照相馆内两个部分。在户外，又分为与自然景观合影，如常见的树木、花儿、水儿及动物雕像等；另一方面，是与社会景观合影，如名胜古迹、革命圣地、标志性的城市景观及这些场景中的雕像等。

　　当照相机不再是意识形态生产、传播机构，包括照相馆与宣传机构所垄断的工具，被不同职业、身份、阶层的个人拥有时，下述场域成为人们惯常的拍照场所：风景（自然）——名胜（历史）——圣地（政治）——建设新景象（成就）——寻常之境（大众日常生活），人们的拍照路线大抵以此进行。这与人们的物质生活水平、社会阶层位置、个人审美趣味等密切相关，也与不同历史时期社会生活中的重要事件相关。

　　有两个具体拍照场所在这一部分分别独立呈现，一是代表着政治、传统与非日常拍照场所的天安门广场；二是代表着现代、商业、西化及日常的上海外滩公园。

走出门，到户外去！看山看水看树，看白云蓝天，看山川城郭，看大地田间，看风情万种，看热情洋溢的脸，看疲惫难言的容颜。呼吸新鲜空气，听闻鸟语花香，家人友人亲切的依偎，陌生人交错走过的瞬间，还有同伴的笑脸。自由地想象，尽情地舒展。当然，最值得期待的还是照相，留影！

# 人与树

　　靠近一棵树拍照，或许是人们觉得它好看，或许是觉得
人不该在旷野中孤零零地照相，而应当有所依傍；抑或是深受
中国传统画作熏陶，把人与自然的关系图式内化于心，不自
觉地做出的选择。

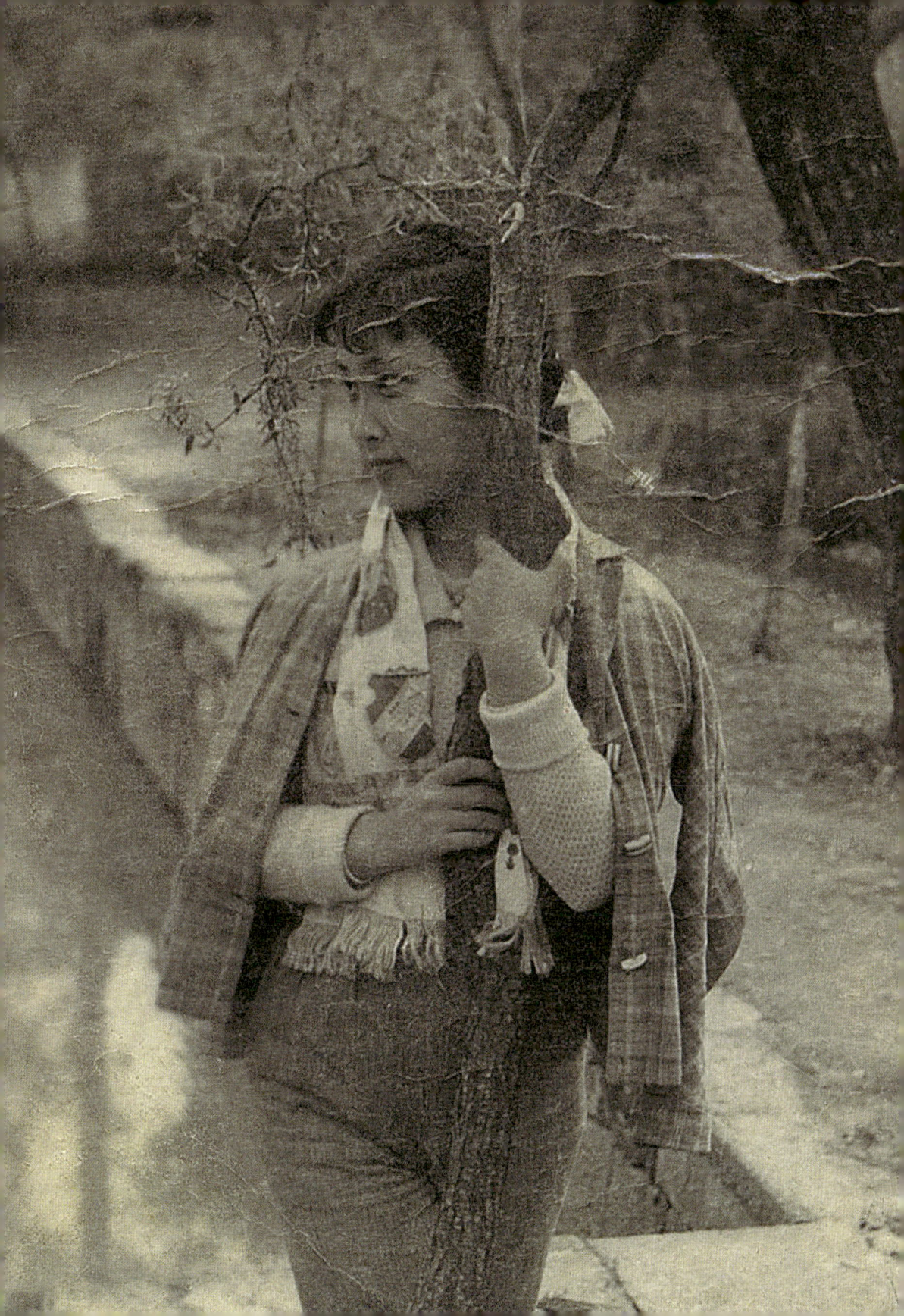

　　文雅的人借景抒情，两不相扰；有妄念的人爬高上低，做征服状。

　　那些看起来朝气蓬勃、根深叶茂的树，像早晨八九点钟的太阳，在现实生活中有着美好寓意，深得拍照人喜爱。相反，残枝败柳枯叶朽木旁，风流终落得冷落鞍马稀。1973年，苏珊·桑塔格（Susan Sontag）在官方安排的中国旅行线路上，也看到了中国人的日常生活影像中缺乏对残缺美欣赏的状况。

大众日常生活影像的内容包含着怎样的秩序？皮埃尔·布迪厄
（Pierre Bourdieu）声言的"理性顺序"？ 拥有它们就获得某种语
意许可，新的阐释会成为可能吗？

　　1962 年 5 月，著名报人赵超构（林放）把毛主席诗词中涉及的景观进行了罗列，他说："毛主席以之入诗，摄影艺术家难道不可以取之入画吗？"

　　五岭逶迤，乌蒙磅礴，金沙水暖，大渡桥横；青山未老，风景独好；鹰击长空，鱼翔浅底；山舞银蛇，原驰蜡象；巫山云雨，高峡平湖；风展红旗，浪遏飞舟；春风杨柳，铁臂银锄；横空出世的莽昆仑，秦皇岛外的打鱼船；一唱雄鸡天下白，风流人物看今朝……

　　这一时期，也就是 1950 年到 1980 年，人们在大自然中拍照还受另外一些话语左右：拍摄山水风景、静物是闲情逸致、脱离政治；风景诗、山水花鸟画具有阶级性；山水风景（风光）照、花鸟鱼虫等静物照片也具有阶级性；摄影艺术，特别是风景摄影无时不与审美倾向性关联。

日常照相行为有着自己的规则和边界。从空间上看，如户外与室内的差别。显然，这是一个令人着迷的话题。历史地看，在何处拍照，与何人何物一起拍照，有着较为清晰的线路和明确的特征，并具有鲜明的时代性。

20世纪下半叶，日常拍照场域的样貌形态与逻辑秩序，这是个问题吗？

1962 年，摄影家吴印咸检讨自己 50 年代的摄影作品，称由于在一段时间里背离了为工农兵服务的文艺方向，滑到了抒发自己不健康的情感、为个人兴趣而摄影的路上去了。他称自己见到工人阶级的伟大创造也很兴奋，但单纯地追求画面构图、线条美、影调、色调、层次，见物不见人。在拍摄祖国的壮丽河山时，有时把兴趣放在烟雾迷漫，虚无缥缈，软绵绵、灰溜溜的调子上。

吴印咸检讨道：无产阶级的艺术不是不要艺术性，但不是为艺术而艺术。以其著名摄影家及中国摄影学会第二届理事会副主席的身份，吴印咸的话无疑在业界产生了广泛影响。

## 人与水

　　无尽的想象，来自传统文化中的视觉资源。从清幽的山间溪流，到壮阔的大河奔腾、海天一色。关于水，千般思绪、万般景象，传统风情植入现代人物。历史感与现实感交织出现。照相术建构起来的新的日常世界图景。

　　1958 年 3 月，文化部就关于肃清"黄色音乐"问题给中央打报告，其中涉及"黄色歌片"问题：凡内容反动、淫秽色情和由反动歌唱者灌唱的黄色唱片或歌片，应该一律查禁；对于一般的黄色音乐唱片、歌片等，应该通过说服教育，劝说商贩人等停止发售。另外，不准誊印社、照相馆等商业机构和个人，再非法印刷、出版和发行黄色音乐歌片、歌集。

    1960 年 10 月 14 日，文化部"劝令图片社和照相馆今后不再印制发售歌曲照片"，认为市面上出售的歌曲照片，有很多是思想感情不健康的，值得引起注意。

    劝令函显示，经过文化部初步了解，北京市发售歌曲照片的，有国营人民图片社、城市人民公社作为副业生产经营的图片社，以及照相馆（在歌曲照片上并不标明印制单位名称），单位分散，缺乏健全的管理。所印制的照片，绝大部分是爱情歌曲，这些歌曲的内容，很多是吟风弄月。经过调查，这些印刷品销售数量多达二三十万份，有的还向外地大量推销。

    关于歌曲照片，1960 年年底，文化部再次发出纠正"某些非政治倾向"的通知，通知特别提出，有些书店看到市面上歌曲照片畅销，大多内容庸俗，形象低劣，但这些书店仍大量进货，大量推销。文化部责成北京市出版局、文化局，劝令他们立即停止印刷，并从市场上收回思想感情不健康的歌曲照片。

重庆南泉留影

南京相馆版 1966年春

北代河海滨 1980

# 人与花

　　花儿与少年、香花与毒草、路边野花、山中兰花草，小资产阶级情调，与劳动人民生活方式不符，伟大的祖国歌甜花香、我们的祖国是花园……日常生活中人们与花儿的照相史，同样精彩纷呈。

花满蹊，千朵万朵，压枝低；留连戏蝶，时时舞，自在娇莺，恰恰啼。诗人杜甫对黄四娘家的花儿充满柔情的描述与想象，千百年来感染了无数人，成为国人文化基因的重要组成部分。而其"花径不曾缘客扫，蓬门今始为君开"一句更是将花的美好浪漫与人间真情并置。美好、浪漫、友谊与爱，谁能说，这不是花儿的代名词呢！

照相，怎能离开花儿呢？有花儿的地方，便成为人们的拍照场所。纵是在室内，又怎能缺少花儿呢？布置出来，装饰起来——从背景布上的花朵，到脚下的花盆。

鲜花、绿草，蓝天、白云，欢笑、喜悦，美好的生活都在这里——文艺青年惯常的影像语言。

　　1964 年 3 月 21 日，"五一劳动节"及新中国成立十五周年到来前夕，文化部、外文局《关于有计划地出版美术明信片的通知》抄送至中国摄影学会。通知下发之前，有关方面已经与学会进行过沟通，提出使用图片要精美、具有民族特点；内容方面，闻名世界的名胜古迹，以及外宾游览必到之地的风景，希望首先列入选题。美术明信片也可以采用照片洗印方式。《通知》说，我国出版的明信片，国内外皆有需求。对外，外宾来我国参观游览访问时，需要购买作为纪念或寄赠亲友；我国出国举办展览时，需要通过美术明信片介绍新中国风光和建设成就。国内群众对此也有广泛的爱好和要求。但"我们对于利用明信片对外进行宣传和对内进行爱国主义教育和社会主义教育，注意不够"。

　　通知还对美术明信片的分类进行了规定：

　　（1）风景（包括名胜、古迹、建筑、市容）

　　（2）文物（包括古文物及革命纪念品）

　　（3）美术作品（包括绘画、雕塑、手工艺品、剧照、美术摄影等）

　　（4）其他（包括乐谱、城市游览图等）

明信片的出版为人民美术出版社、外文出版社等单位。

　　1956 年，作曲家石夫根据新疆民歌改写出一首脍炙人口的歌曲《娃哈哈》：我们的祖国是花园，花园里花朵真鲜艳，和暖的阳光照耀着我们，每个人脸上都笑开颜……

# 人与动物

　　这一时期，日常照相行为中，人与动物的关系——特别是大量涌现的人与名胜古迹中动物塑像的关系，呈现出一种十分奇特的面貌。这在先前，或其后的照相行为中都很少见。

　　人们似乎对与动物拍照表现出特殊的偏好，无论男女老幼，还是不同阶层、身份的人，都是如此。只要有动物塑像的地方总是少长咸集，热闹得很。在行为上，人们把这些动物塑像等同于了真实的动物，也就是说，把现实世界人与动物的征服与嬉戏关系，直接照搬到照相行为上。无疑，这些照片集中体现了这一时期中国人的自然观、对待自身历史文化遗产的态度，以及精神面貌。这是一场狂欢，影像呈现了一切。但面对这些集中起来的照片时，似乎还是难以言说。

这些相片在多大程度上能够让后来的观察者看出其原形——被拍摄者生活年代的文化、审美状况呢？特别是人们喜欢谈论的世俗生活状况呢？英国剧作家、诗人、散文家奥斯卡·王尔德（Oscar Wilde）说过这样的话：世界之隐秘为可见之物，而非不可见之物。面对这可见之物，能知晓什么呢？

山东盛产民俗产品，特别是民间木版年画印造历史悠久。自1961年各地相继开放了农村集市贸易后，门神、灶马、天马、神马、财神等"封建迷信"产品大量上市。1962年春节期间，全省有34个市、县印造，仅潍县一地，即有26个村、300多户印造达300多万张，高密县也印了50多万张。印造户除农民外，有些公社、生产队也以此当作副业，大量印造。个别供销社也进行印造。

对于这些乡村集贸市场上出现的民俗视觉产品，1962年9月28日，山东省出版事业管理局、手工业管理局、供销合作社、商业厅等机构联合下发了《关于加强对封建迷信门神、灶马等的管理和年画市场的安排的联合报告》，认为这一现象的出现不仅危害了人民群众的思想健康和利益，而且也扰乱了市场管理。《报告》要求，商业部门对其所需纸张、颜料，要进行有效的控制，不予安排供应。

历史与记忆，谁都可以泛泛而论。但具体到自己身边的事，大多数人却谨慎地回避了。面对那些被随意丢弃的日常生活照片，包括家庭相册，有时候虽让人费解，但却并不是什么历史之谜，而是事出有因。急剧的社会变迁、城市化、频繁的迁徙、家庭的解体、利益的分化、家道的中落等等，都是这些影像流失的原因。相连以事，相及以禄，当这些发生问题时，那几张相片，算什么呢！

北京颐和园 留影1981

　　1965年初，有关木版年画"放任自流"的问题再次被提出。木版年画作为传统的视觉产品，历史悠久、发行量大，且影响广泛。有关管理机构认为，如果加强领导、改进内容、提高印刷质量，可用来对群众进行社会主义教育，丰富农民群众的文化生活，并补新年画之不足。

　　一些地方的管理经验被要求推广。山东成立了国营木版年画社，从内容、刻印，以及材料供应、销售发行等方面全部由出版局管起来；河北成立了武强合作画厂（生产队集体所有制），是河北人民美术出版社的加工单位；江苏成立了桃花坞木刻年画社，系手工业管理部门领导的集体所有制单位。年画内容由省市有关部门审查，成品由新华书店经销。

　　1965年1月22日，文化部、手工业管理局在联合通知中提出：这些方式，可供各地参考。木版年画的内容，应经省、自治区、直辖市一级的文化（出版）局（厅）审查批准。绘制年画，必须注意贯彻文艺为工农兵服务，为社会主义革命和建设服务的方向。印制旧版年画，也必须进行严格的审查挑选，不再重印出版内容不健康的东西。

# 名胜足迹

　　见世面，游览祖国名山大川、名胜古迹，对于许多人来说，这是个梦想。能够暂时脱离日常生产、生活秩序，与庸常的世俗世界短暂分离，去这些享有很高知名度的地方游览并拍照，这是个人的荣耀，甚至集体、组织给予的荣誉，更是经济条件、闲暇时光与见了世面的象征。

北京 **天坛公园** 留影
TIAN TAN GONG YUAN 1973.

169

万里长城
八达岭留影

嘘！庄严地站在主体景观前，轻轻地摁下快门！

沈阳故宫留影
1975

北京故宫留影 1982

177

1977 上海 豫园留念

杭州西湖三潭印月 1980.3

西安碑林留念
1966年

苏州虎丘山留影
77年

别有洞天

昆明广场八一年九三留影

华山北峰

60.11.2上

青岛海滨 1975.

发思古之幽情，叹眼前之世界，留一张小小的照片，今生足矣。
于名胜处，留影纪念。这一时期，曾有为世俗所难容的恋人，游览
名胜后绝尘而去，留下的是悲情、背影与传说，而不是照片。

我爱红军走过的地方
从毛子草地!

军民团结
於韶山
68.5

瞻仰毛主席旧居韶山留念 1969年

武汉长江大桥留影 1968.

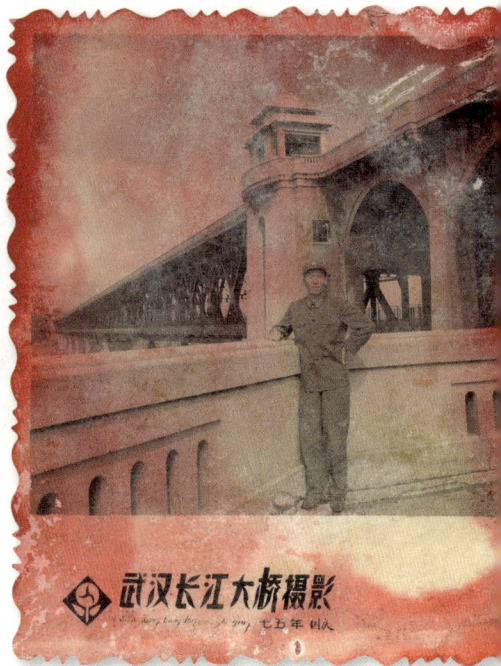

武汉长江大桥摄影

这一时期，无论是建立社会主义制度、实现经济现代化目标，还是文化上的"革命"行动，追寻现代化的强烈诉求，在普通人的日常照相行为中表露无遗。

武汉长江大桥留影。 '62

祛魅、渎神、热衷于建构愿景性图像世界，在视觉呈现上与传统决裂、模仿流行文化形态，这些日常照相行为无不与现代性特征紧密相联。

　　吊诡的是，人们在这样的场景中，却把那些耳熟能
详的"封建糟粕"之类的说辞抛诸脑后。游览名胜古迹，
特别是拍摄纪念照片之时，大家心照不宣，"封建糟粕"
之说，多么不合时宜啊！回去再说，回去再说！

　　拍照渎神行为，这一现代祛魅方式，能够成为从传统社会迈向现代社会的必要环节，而走向"理性"吗？诸神散去，还会出现有灵魂的心灵吗？物质丰富了，会不会出现行尸走肉遍地的情形呢？"专家没有灵魂，享乐者没有心肝"——未来会不会像马克斯·韦伯（Max Weber）忧虑的那样呢？粉墨登场的一代新人，会如何呢？

# 北京天安门

政治景观。人们通过出现在同一政治空间，获得身份认同，进而确认为同一群体。在天安门广场，人们彼此确认为"革命同志""革命群众"。还有什么比照张相更能表明这一切的呢！恢弘的建筑、宽阔的广场、熙攘的人群、鲜艳的色彩，这一切都含有超过景观本身的意义。

北京天安门留影 1974.2

节日之夜 向阳照相

1983 天安门 留影
Tian An Men Liu Ying

节日之夜 向阳照相

北京 天安门留影 1966.11

北京正陽門留念
前門攝影 1965

首都天安门留念 1966

1960年代初期，北京大北照相馆下设五个照相室和一个天安门照相服务部。门市每日顾客盈门，平均每天接待顾客1000多人，其中，工人、农民、战士和干部约占百分之八十以上。天安门前的照相点，每日也是排队照相，拍摄对象中的绝大部分也是来自全国各地的普通百姓。

这个服务部成立于1958年8月，此后5年间为顾客照相达164万多份。1964年4月15日，《北京晚报》的专题报道中这样描述大北的摄影师——那些在相对固定的拍摄位置上，为顾客提供符合普遍认同审美要求的标准化广场照片的摄影师们：

"摄影师们深感自己工作的光荣，他们知道顾客在天安门照相是一种热爱祖国的表现，因此不论寒风刺骨的冬天——在冰盆中，还是赤日炎炎的夏天——在火盆中，在宽阔无遮无拦的广场上，都坚守在自己的工作岗位上，热情地为顾客服务。"

　　来此游览、拍照的各地游客，特别是那些来自内地、对大上海心生向往的人们看到的是什么呢？东方巴黎、十里洋场、高楼、西式的模样，南京路、百货商场，同时也是热闹的"战场"。不从这里带走一张照片，又怎能说你来过大上海，那可是另一个世界的现实模样。

上海黄埔江畔摄影
57.6

SHANGHAI 上海外滩留影 1966. 11.

　　文学家们描述着黄浦江、苏州河上的繁忙，描述着石库门内升起的炊烟，甚至崭新马桶的油亮。他们小心地绕过十里洋场，避讳那里的繁华与欢场，即使谨慎地说上几句，大多也是谴责过往。

　　1930 年代，上海执亚洲影像文化之牛耳，正是得益于与外界、主要是与西方国家的广泛交流。影像文化精英们自由参与的英、美、法、德等诸多国际沙龙活动，客观上推动了本土影像的发展，引领了时风。彼时，沪上介绍欧美影像新知的图像、图书、杂志层出不穷，各种交流活动此起彼伏，新思想新潮流你方唱罢我登场，热闹异常。

　　1951 年 12 月 21 日，政务院 116 次会议批准《外国印刷品进口暂行办法》。其中图画及照片部分，包括各种挂图及图片，宣传或贩卖用之照片、幻灯片及书报缩影胶片等，亦统归国际书店及其指定代理店经营。办法指出，各机关、团体如因业务参考或学术研究需要，须委托国际书店或其指定代理店订购，但概须经上级有关机关首长批准并出具证明书。个人入境携带的自用印刷品，须经相应机关检查后，准予入口；如果认为其部分或全部内容须加审阅者，得将印刷品暂予扣留，交由公安机关审阅，并决定是否返还。自此，绝大部分人阅读国外图画及照片的渠道中断了。

　　1951年发展新连环画与新年画，改革旧连环画与旧年画，被当作了"美术宣传方面的重要任务"。新年画被定位为"一种宣传画"。上海向来是连环画的出版中心，出版连环画的书店有70多家，出售和出租连环画的书摊有3000余处。过去所出连环画大半为武侠神怪故事，"其有害的影响是很大的"。1951年10月18日，文化部、出版总署关于加强年画工作的指示中，提出新年画在内容方面，凡有关人民对于幸福生活的希望与追求（如平安、富足、多子、长寿之类），对于美好风物的欣赏与爱好（如山水、风景、人物、花果之类），以及为人民所熟悉的优秀历史故事、民间传说、民间戏剧的故事画等等，都可以适当地加以保留。

　　在上海，上述政策与图像生产、制作行业密切相关，包括照相馆、图片社等影像生产领域内的清理、转向也已势在必行。

第三章

# 照相馆里

室内拍照，更多地是指在照相馆展开的照相行为。照相馆里拍摄的相片占据这一时期中国人日常生活影像数量的绝大部分。照相馆在此成为商业意识形态的物质存在、政治宣传的橱窗及大众消费时代的视觉产品生产车间。照相馆照相在中国人现代精神的生成过程中有着十分特殊的地位。

　　照相馆是国人现代精神生成最为重要的道场。其规模之广、影响之大，居日常生活影像之首。出自照相馆的标准照，更是具有典型现代性特征、标准化的日常生活视觉文本。另一方面，个体在日常生活中所追求的具有现代想象的生活方式的影像，从列宁装、武装带，到墨镜、阳伞、高跟鞋、短裙、喇叭裤、健美裤、西装、皮鞋及羽绒服等等，还有与此相关的生活方式，如化妆、野炊、跳舞、拥抱等等。

　　对现代政治、商业、文化及与此相关的生活方式的描述，在1949年以后的社会生活中一直没有中断。无论是集体化运动、人民公社的建立，还是"大跃进"、超英赶美目标的设定，都与追求现代化的生活——无论是无知的还是文化的——为指向。"楼上楼下电灯电话""土豆加牛肉""出有小包车，卧有钢丝床"，这些具体的目标口号被大众所熟知。1958、1964及1978年反复表述的"四化"都与"现代"相关，这些都对大众影像的形态产生重要影响。

1956年，照相业全行业公私合营以后，照相馆已不仅仅是一个被动坐等顾客上门获取商业利润，以挣钱吃饭作为最大目的的经营机构，它还要承担起国有社会主义商业企业独特而又全新的任务，那就是塑造社会主义建设者、保卫者、接班人，也就是社会主义新人的形象，创造社会主义照相视觉的新美学、新标准。

　　这一目标任务虽不是在20世纪50年代中期一天之间形成的，但无论是新中国的商业管理机构、文化管理机构，还是意识形态部门，对此后照相业的要求，与先前已经不可同日而语了。

# 08

# 标准照

标准照，一个极具历史感的称谓。既指为国家重要领导人拍摄的、供在公共场合下悬挂的正面免冠半身像，又指普通人用于证件照、档案存档等正式文件中着装严整表情严肃的照片，它有别于那些随意的日常生活照。

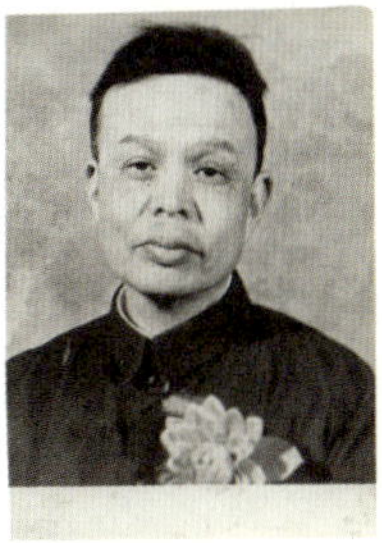
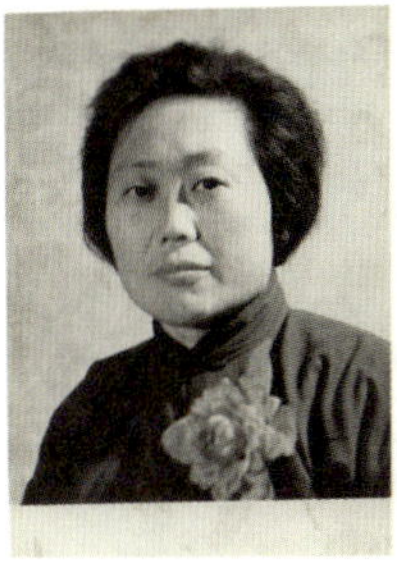
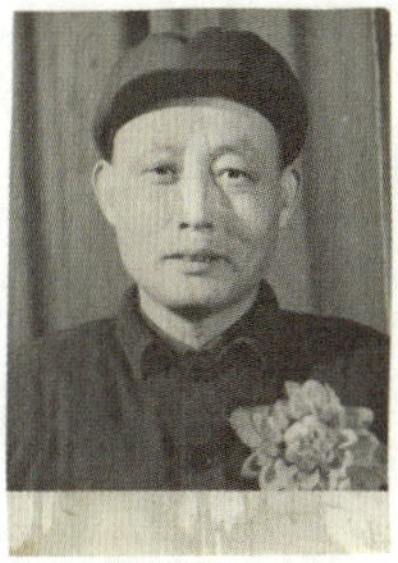
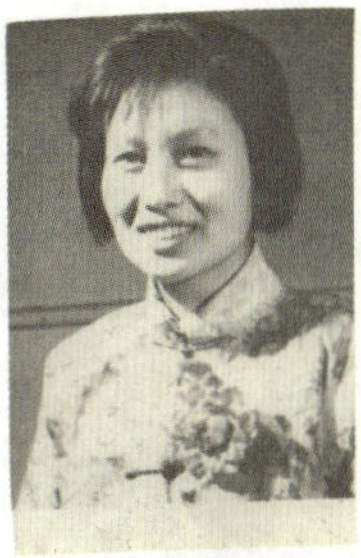
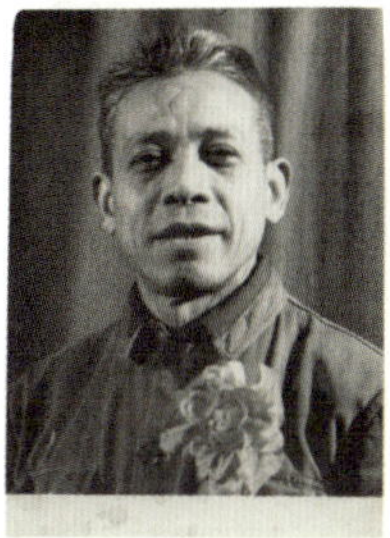
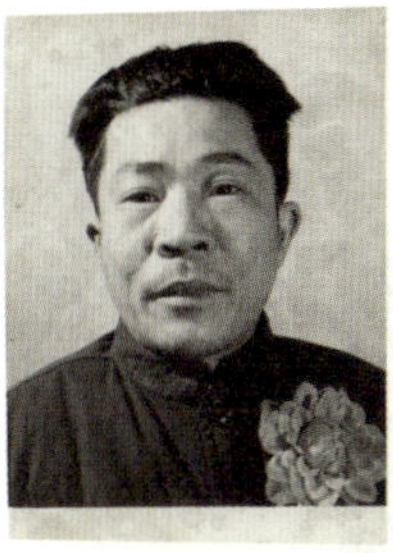
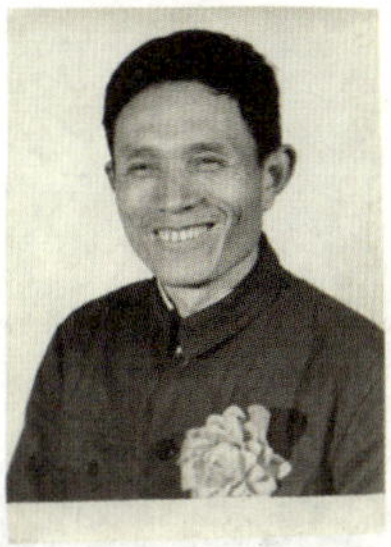
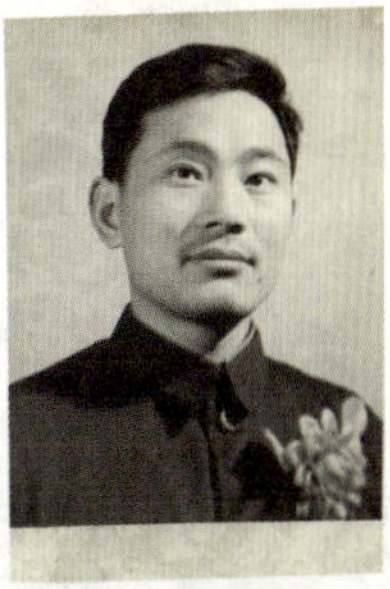
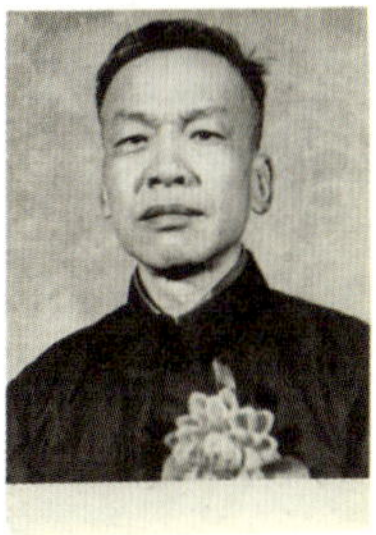
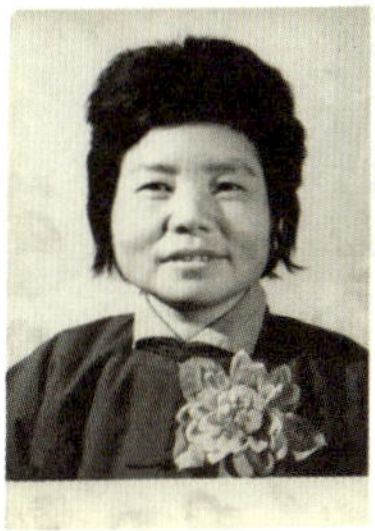
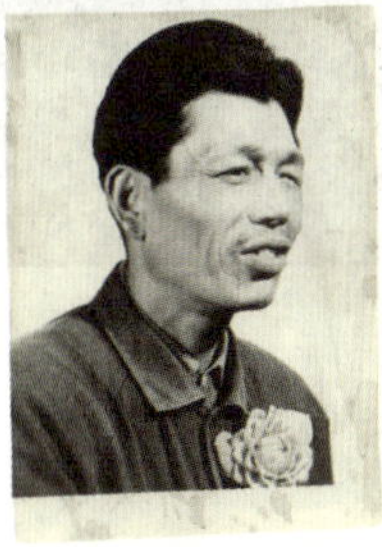
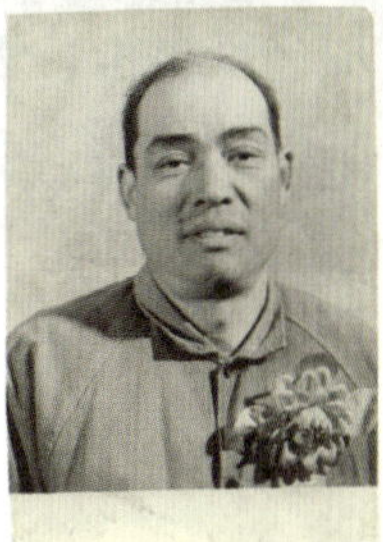
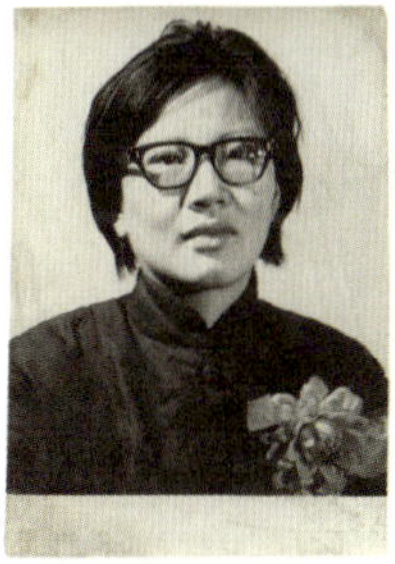
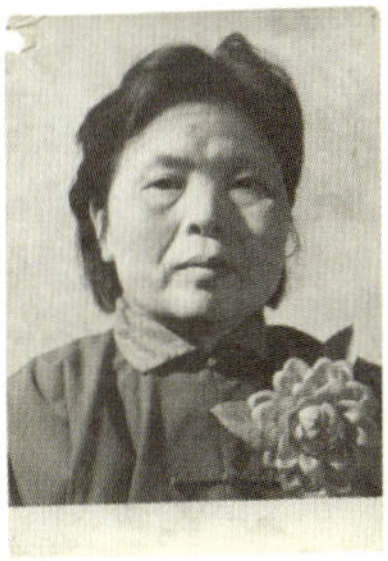
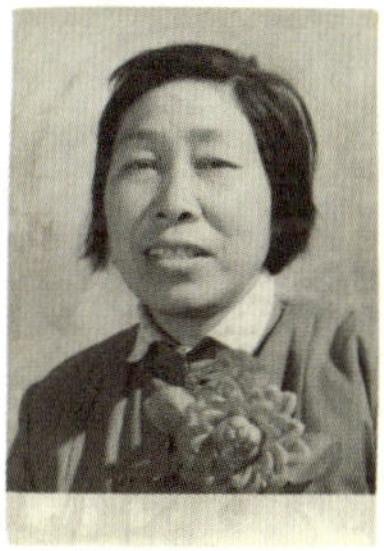
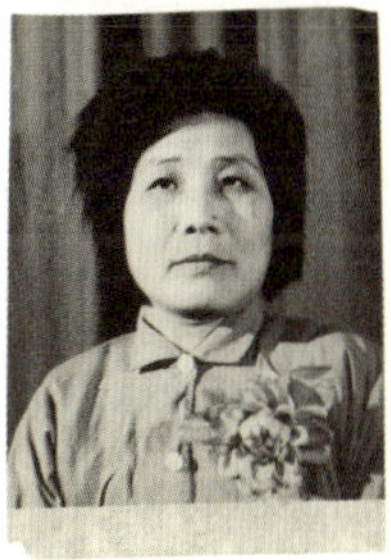
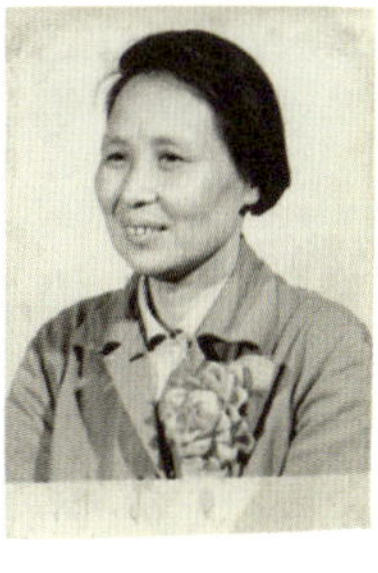
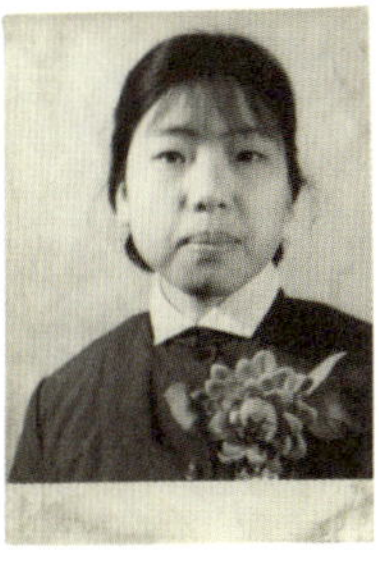
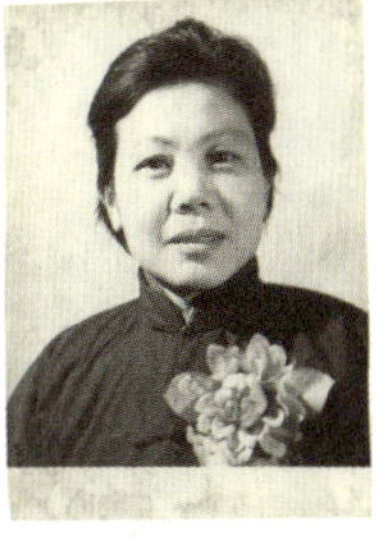
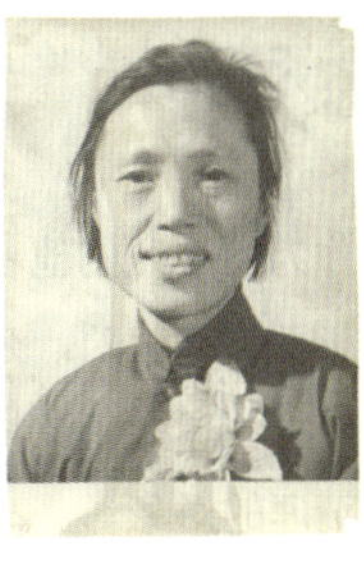

**有关标准照**

1960 年代后期，对日常生活领域一种重要（或唯一）的影像形态的称谓。

**主体：**工、农、兵、学、商。

**产出地：**照相馆——日常生活领域影像生产、消费、传播的公共空间、机构。

**审美标准：**积极、健康、向上、昂扬、朝气蓬勃，表现时代精神。

**维度：**不只是单纯的审美及人物形象呈现方式问题，更有其被建构完成的社会主义新人形象的要求。

**作为标准照的他者：**艺术照、婚纱照、美术照；着色照、逆光照、侧影照、剪影照；家庭照、亲友照、集体照、个人照；异形照、戏剧照、电影照、年画照、演员照、歌片照等。20 世纪 60 年代初开始，这些类型的照片逐步成为被清理的对象。

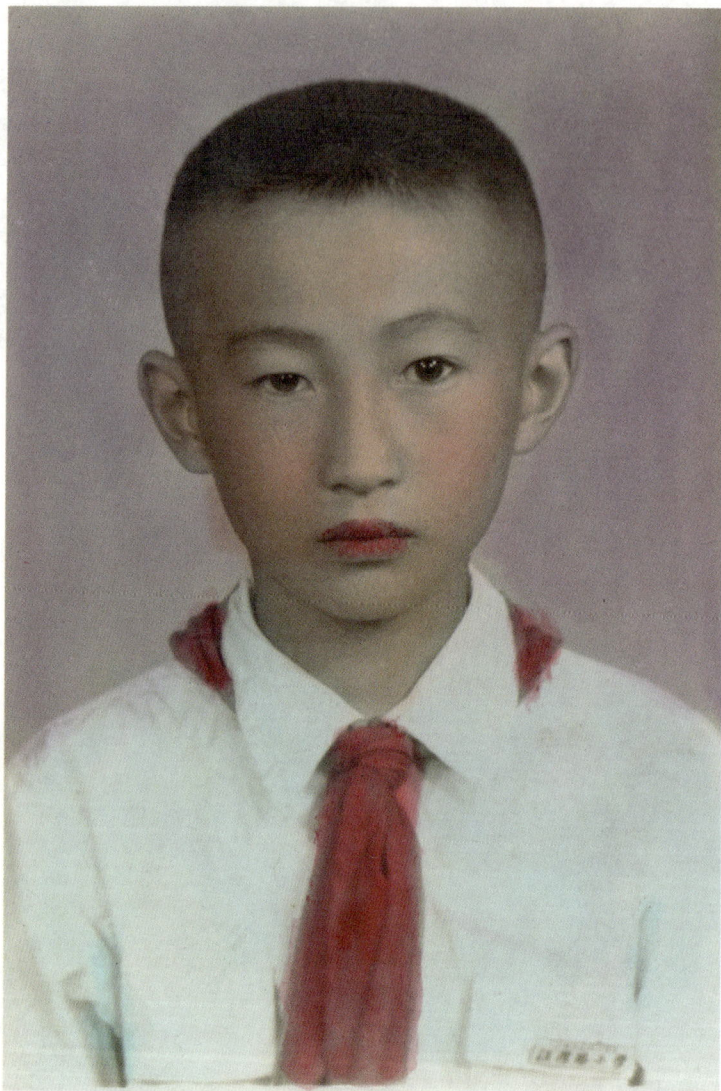

　　一些普通人的照片背面被精心地写上了"相片说明"，时间、地点、人物诸要素一应俱全。这会使得这些相片更有价值吗？对谁有价值呢？是熟人社会吗？那些看起来标准化的文字让人想起了"公事公办"这几个并不温情的字眼。个人肖像，包括家庭相片，在政治场中的命运如何？这是20世纪国家影像研究的重大课题之一。

通化站新华照相

"南有王开，北有大北"。北京大北照相馆1921年开业，顺应北京人爱京剧、爱拍京剧戏装照的心理，首创"戏剧照"服务项目。生旦净末丑，拍摄用的各种戏行头一应俱全。更为特别的是，他们还设立了化妆室，请来京剧界的化妆师为顾客服务。京剧戏装照在北平风行一时。同时大北照相馆还针对富有阶层及知识分子开展特色服务，如拍摄"学士"照、新式结婚照等。大北照相馆这一民国期间最为兴盛的业务，一直持续到1960年代。

1949年以后，由民间影像机构翘楚到国营影像机构的先进，大北照相馆的转型颇值得探讨。从1950年以来，党和国家领导人的重要接见拍照任务、党和国家的重要会议代表合影任务、各有关部门的团体留影任务等，都由大北照相馆担任。这里还特设了"机关服务部"。后来，虽然传统特色项目戏装照等受到冲击，所有戏装被销毁，但大北的转机团体照不仅未受影响，反而更加红火。

那些大北的外拍摄影师和助手们，衣着得体、张弛有度，脸上永远带着职业化的微笑：不卑不亢，照顾领导与招呼群众，分寸拿捏得恰到好处。他们其实是这场仪式最后上场的主角。

沪上迁京的"中国照相馆"，从确立上流生活的影像标准到新社会"标准照"的制作，走出了一条新路。

中国照相馆开设于1937年，1956年部分迁京，7月在繁华的王府井大街南口路东开业。1949年之前的中国照相馆以拍摄礼服、结婚照名闻沪上：馆里为顾客准备好各式礼服和鲜花，并请理发师帮助梳理和做发型，照片放大洗印出来以后进行人工着色。这一对顾客礼敬有加的仪式化服务程序，确立了一种上流生活标准。

迁京以后，自沪上带入的这一服务项目深受北京各阶层欢迎，一时名动京城，平均每日前来拍摄结婚照的夫妇就达100多对。

1956年以后，以姚经才为代表的中国照相馆摄影技师们，共同为新社会各类人物的"标准照"拍摄，付出了心血。姚经才，苏州人，1938年到上海中国照相馆当学徒，四年以后开始独立拍照。1949年上海成立照相业公会，他当选为副主席。1956年随照相馆迁京这一年，他便为周恩来拍摄了一幅肖像照，被认为无论是姿态和形态，还是灯光布置和摄影技巧，都达到了很高的艺术水平，总理本人也非常满意。这幅照片被有关方面确定为"标准像"。

　　1958 年 7 月，中国摄影学会主席石少华开始关注数量庞大，且"过去没有被大家重视、从事照相的摄影工作者"。

　　据初步统计，在 1958 年，仅北京地区就有 1200 人以上从事这一工作。这一年，中国有近万家照相馆，从业人员 4 万余人，年服务达 2 亿人次。

　　石少华对 1949 年，特别是 1956 年照相业全行业公私合营后的转变，进行了描述。他提出，中国的照相业，正从过去单纯为营利而工作的经营方针，转变到为广大劳动群众服务，努力适应工农业生产和科学文化发展的经营道路上去。依照石少华的设定，照相行业从业者的专业水平，如果从靠师傅带徒弟与个人积累的经验层面提高到科学的水平上，那他们将是一支数量庞大的技术力量；而这些人如果能够政治挂帅，向又红又专的方向迈进，必将对摄影事业的发展起到很大的作用。

　　事实上，摄影界的上层人士不可能不知道，在这一时期的摄影队伍中，照相业从业人员的数量最为庞大，他们遍布全国大中小城镇，经过长期积累，摄影技术、技巧明显高于那些刚开始从事宣传工作的"摄影干部"们。他们中还有众多已经停止摄影活动多年的老摄影家，人虽沉寂了，但影响并未完全消除。但这一时期，在包括新闻摄影工作者、摄影出版工作者、摄影家工作者、摄影工业和摄影科学工作者及业余摄影爱好者在内的摄影队伍中，照相行业从业者的地位最低，他们通常只被当作"照相的"。

1958 年 7 月酷暑，北京照相行业业务技术表演大会盛况空前。中国照相馆、大北照相馆等首都照相行业龙头老大各个工种的老师傅和青年技工们，齐集一堂，争奇斗艳，各种技术工种集大成，成就了 1949 年以后照相业最为辉煌的一段佳话。

　　表演大会的拍照项目：拍摄半身像，拍摄全身像，拍摄合影像，翻照；修底版技术表演：修普通底版，修大尺寸底版，修版特技，照片着色，绘画戏装，底版做景；画照相布景，暗室技术，裁切照片，对片装袋，上亮业务。

　　姚经才、张景安、李志涛等表演拍照技术。技工王作宏给底版修刮眼嘴，并扣上衣领。技师吴壬麟直接在照片上调配颜色，技工吴光绘画戏装照片，皮和璞画照相布，颜开时底版作景，纪美容用时 7 分 32 秒裁切各种尺寸照片 100 张……

　　到 20 世纪末，这些表演项目大部分已经成为"照相考古学"的议题。

# 09

# 爱人同志

　　一对男女合影，具有神圣性。既是彼此关系的确认，又是对世人的宣誓，抑或保障、保证，牢不可破，不容侵犯的身份象征，等等！快门按下的那一刻，取到相片的那一刻，镶在镜框里的那一刻，亲朋仔细端详的那一刻。他人的观看与赞叹，是婚姻照片价值的重要组成部分。

　　时至开放年代，个体、家庭流动性极大增强。这些爱人同志所拥有的相片，却匪夷所思地出现在街头书摊，甚至废品收购站。迁徙流动，无意遗失，新居无处安放，生活变故等，抑或是其流落的原因？那些照片的主人们，从上世纪二三十年代到世纪末，很多还都健在啊！

　　结婚照有法律前提。1950年颁布的婚姻法，对结婚年龄的规定是"男20岁、女18岁始得结婚"。1980年，新婚姻法规定："结婚年龄，男不得早于22周岁，女不得早于20周岁。晚婚晚育应予鼓励。"

　　在"破四旧"前后的年代里，照相馆的业务终归一类：只拍摄正面平光照片，背景主要是革命圣地、建设新貌或名胜古迹图像。

没有任何家庭照片能成功地营造纯粹情感的港湾。当代美国学者、作家、教育家及摄影家阿伦·塞库拉 (Allan Sekula) 论及档案照片时说："纵是情感写实主义色彩浓厚的家庭照片，也触及到一个几乎不被承认的情感地带，因为他们关系到权力、主宰和控制的美学。"

依照塞库拉的观点，那些脱离了主人、被其他人收集起来的家庭照片，由于缺乏相应的文本跟随，客观上构成了一种抽象的视觉均等关系，其间的差异不可避免地简约成了"纯粹视觉"的关注。也就是说，当照片被不加批判地当作历史文献推出时，它们就变成了审美对象。另一个问题是，这些照片不可避免地会被不同的原则、话语、"特色"所挪用。

　　恋爱中的男女，或遵从父母之命、媒妁之言、组织安排，即将步入婚姻殿堂的年轻人决定一起拍照时，是谁先提议呢？两情相悦，再加上志同道合，还有比这更完美的世界吗？

结婚留念 1956.9.20.

244

　　相恋拍照，订婚拍照，结婚拍照，纸婚拍照，金婚拍照……
啊！多么神圣的时刻。神圣总是与严苛的禁忌相伴：照片为证！
不过，这一时期，离婚拍照纪念的现象还没有出现。

互敬互爱共全前进！ 54·7·25

鞍山219公园
留念1975

　　如影随形，用这个成语来说明这些甜蜜的爱人同志照片，与那个生产制作这张照片的摄影师之间的关系，真是再恰当不过了。照片上呈现的爱人间的亲密时刻，并不是在他们独享的私人空间中获得的。许多时候，这些照片是那个拥有绝对权力的摄影师，布置、安排、调度，甚至上手挪动两人身体，最终按下快门获得的。特别是在照相馆这样的空间内，爱人同志一起自觉自愿地走进去，登记、缴费过后，便失去了自由。这位摄影师的志趣、审美、技术、时间把握，甚至当时的情绪，无不规定着这张照片的样貌。

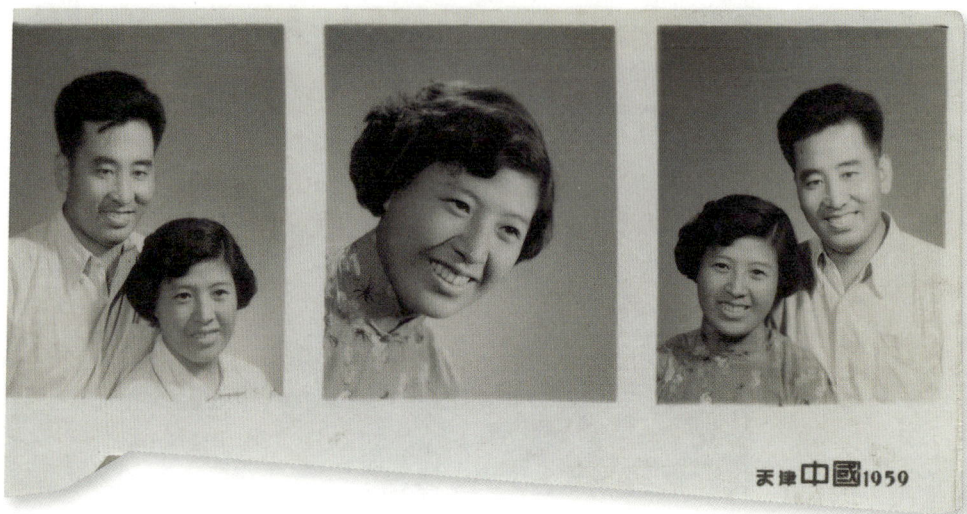

天津中國1959

永远忠于毛主席

鞍山红卫

　　1956 年。对于持续近 80 年、风格迥异的民间着色来说，1956 年是个节点。公私合营大潮过后，上海数量庞大的民间着色师悄无声息地消失了，取而代之的是照相馆着色车间整齐划一、标准化着色工人的诞生。

　　给黑白照片上色，重新勾划出一个绚烂的彩色世界，这是许多人在照相业的黑白年代拥有的梦想。一张家庭着色照片，能给这个家庭的成员带来多少意想不到的惊喜呀！一位陌生摄影师拍照，另一位同样陌生的着色师根据想象及个人趣味，为一位陌生的顾客添加柔美靓丽的色彩。正是这种相片产生过程中的陌生化效果，给凡俗琐碎的日常生活增添了诸多意想不到的欣喜之情。特别是那个难得一见的着色师，就是孩童眼中的魔术师。

　　上海。照相馆的小伙计背着包，赶往弄堂里的几户人家，送去一沓刚刚洗印出来的黑白照片，再取走一沓着色照片。那些散落的个体着色师傅并不是照相馆的正式雇员，他们大多也不是只收一家的活儿，而是四处接活，按质论价，按件取酬。

　　20 世纪上半叶，这是上海世俗生活中极为普通的场景。

　　直到 1956 年初，全国范围出现社会主义改造高潮，资本主义工商业实现全行业公私合营，照相业也不例外，这一场景才告中断。那些民间的着色师傅，大多按要求进入照相企业，列为职工编制，不再个体接活。

　　改变了的不只是生产生活方式，那些个人即兴发挥、特色殊

异的着色照片，在企业标准化生产实施过程中不出意外地消失了。不只技术、工艺流程的改变，更有新社会带来的另一种气象。自此，标准化着色一统天下。

日常生活着色照、仕女着色照、戏剧着色照，是色彩斑斓的迷人影像，还是陌生异质的旧文化样本呢？

资料显示，上海照片着色始于清同治十二年（1873年）。

清光绪二十六年（1900年）前创立的耀华照相馆即开始发行着色仕女照片，市面引为时尚，颇受欢迎。至20世纪20年代，品芳照相馆开设，遂以拍摄京剧照名闻沪上，备有各式戏装，拍摄、放大并着色。品芳开设者陆子文本人便擅长着色，馆里较有名气的着色师还有杨穆生、王景寿等。

从早期的水彩着色，到30年代初油彩着色流行，并持续至80年代，最终被彩色照相取代。早期油彩着色，用松节油调和颜料，色泽晦暗，不易干燥。上过美术学校的中国照相馆着色师傅吴壬麟钻研出独门绝技，采用汽油代替松节油调和颜料，着出照片色泽光鲜，又能很快干燥。公私合营以后，他献出了自己先前秘而不宣的看家本领，并被要求在全行业推广。

着色还在继续。60年代油彩着色取代水彩着色，80年代彩色照相取代油彩着色。到1989年，着色照片走上末路，整个上海市仅需7名着色工即可满足市场需求。他们成为沪上照相馆最后的着色师。

# 10.
## 家庭合影

自清季西方摄影术传入以来，很快便出现了家庭合影照。中国人隐秘而又传统的家庭秩序，首次以视觉记录的方式大规模呈现出来。


家庭相册，很多时候就是家庭图像的宣传册。或显，或隐。不要把寻找世俗社会真相的企图，寄托在这本主观色彩很浓的册子上。但对于历史观察者来说，他们是完全不同于文字记述的、令人着迷的特殊材料。

苏珊·桑塔格在《影象世界》一文中，列举、研究过小说家对摄影的描述与认知。她参看的文献还包括日记、回忆录等等。时间跨度从摄影术发明不久的 1850年到1973年，涉及的作家包括巴尔扎克（Honoré de Balzac）、哈代（Thomas Hardy）、科克托（Jean Cocteau）、詹姆斯·格雷厄姆·巴拉德（James Graham Ballard）、麦尔维尔（Herman Melville）等。桑塔格还研究了普鲁斯特（Marcel Proust）对照片的轻蔑态度，认为他误解了照片为何物："它们不是记忆的工具，也不是记忆的发明或替代。"桑塔格还提到纳博科夫（Vladimir Vladimirovich Nabokov）在《斩首的邀请》（1938 年）中，称呼照片这种典型的人工制品的方式——"对时间之工的戏仿"，也是对摄影之工艺的戏仿。

绝大部分社会科学家，包括历史学家、政治学家、人类学家、社会学家、文化学者等，当然也包括影像学者，并没有"同情地理解"20 世纪下半叶绝大部分时间内出现的那些跟风且粗陋的文学作品，更不用说通过阅读细心地捕捉那里的时代气息，包括其间对国人日常照相行为的认知、描述。他们还沉浸在努力忘却过去的情绪化态度中，对这些作品视而不见。这是件不幸的事——无论对于那些曾经红极一时的文学家，还是今日的研究者来说，都是一件不幸的事情。家庭相片，往往没有任何可供解读的文字信息。虽然可以根据图像本身来分析，但那些诸多与此类照片相关的未知信息，仅仅靠猜度还是难以满足人们无尽的打探欲望。美国文化史学家彼得·盖伊（Peter Gay）在《历史学家的三堂小说课》中写道："在一位伟大的小说家手上，完美的虚构可能创造出真正的历史。"

对沉默寡言的家庭相册和来路不明的私人相片而言，阅读同一时期的小说以及日记、回忆录、个人传记等，都不失为解释这类影像文化的途径。正如彼得·盖伊所盛赞的那样："小说家，他们超凡的想象力做到了社会科学家做不到的事情。"这里所说的社会科学家，包括社会学家、政治学家、人类学家及历史学家等。理解影像文化，除了了解政治史、物质史、风尚史、个体在社会中的位置，阅读社会科学家的著作，看来小说课也必不可少。开个书单，一一研读，从同情和理解开始吧！

儒家思想支配国人的行止达两千年，其规定的伦常秩序，如尊卑长幼、君臣父子、夫妻关系等在早期的家庭合影照上无不一一对应。以男性家长、男性嫡统为中心的视觉架构，规定家庭合影的样态。

近代西方思潮涌入。自摄影史视角观照，如果说洋务运动期间，家庭照片上所呈现的儒家伦理秩序还能安然无恙，那么到了新文化运动之际，这种秩序便开始松动。民主与平等观念冲击着家庭合影的旧有秩序形态。1949年之后，家庭合影中的儒家秩序渐渐退为背景，新的革命符号元素的加入，以及新生活图样的出现，都极大地冲击了旧的图像秩序。

全家留影 六一年春节

　　在各种日常生活照片中，只有家庭相片相对忠实地呈现了历史的本来面目——历史语境中的家庭及个体样貌。家庭照，在拍照时成员大多经过了显而易见的装扮、打理，如理了头发，换上了新衣，戴上了手表，别上了钢笔，胸前佩戴了像章，手上捧着花朵或小红书，甚至在身边还布置起了一些看起来还算体面的时兴物件。最终，相片中的人物与那些道具一起，成为了特定历史时期的可见之物——现实与期许。

革命化家庭——五好家庭——和谐家庭，称谓在变。

1960年代，要求干部和群众不断提高马克思列宁主义水平，克服一切旧思想、旧传统。而"革命家庭"有其特定的规定。参加过推翻旧政权、旧制度的斗争，为革命作出贡献，或具有革命意识的家庭，才称得上革命家庭。这是基于过往历史而做出的事实判断。革命化家庭，则是一种价值判断，泛指那些遵循革命化要求的普通大众家庭。后来，那些流落在旧书旧货市场上的家庭合影中，有名有姓的革命家庭照片鲜见，革命化家庭照片倒是常见。

这曾是温馨记忆的载体、乐于示人的珍贵物件，步入21世纪，它们却在国人那些日益富足、宽敞的新居所里难以立足。噢！应该还在，不知道放到哪里去了。

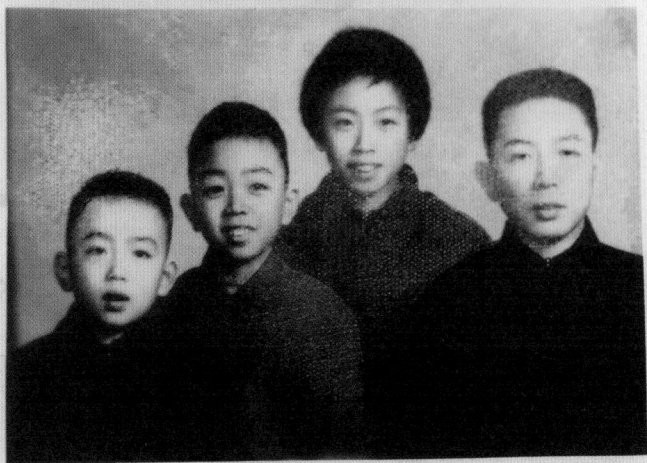

真的都是温婉的怀旧之情吗？真的都是对过去岁月的美好回味吗？相片还承载着记录亲人的分离，或失去的时刻，甚至会成为记录衰老、岁月凋零的纪念品。这与人们惯常描述的"美好回忆"有何关系呢？耽于幻想的人，往往容易感染别人的情绪。而承受世俗生活压力的人，很可能会厌恶相片背后的一些东西。家庭相片背后呈现的东西并不能让每个成员心满意足。

　　1949 年以后的家庭相片，人们感兴趣的场景大多是一些人造景点——公园、昔日达官贵人的宅院，甚至皇家园林。着新装、逛公园、照相、做主人，这成为夹杂着现实与臆想的理想化生活方式之一种。当然，对于那些新兴的建筑、小汽车等，也会表现出明显的留影兴趣。而对于那些无名的风景，拍摄者则着力不多。与此对应的是，1949 年以后，大量公家摄影师拍摄的照片则呈现出诗意、浪漫、世外桃源般景象。比照那些广为传播政治风景标准照，家庭照片中诸多未经雕饰的日常景观，就摆不到台面上来了。拍摄者本人也大多谦卑有加。

　　20世纪下半叶也是大家庭日益小型化的过程。三代、四代在一起的家庭合影日渐稀少。端详那些过往的大家庭合影照，陌生甚至奇特的旧式装扮、饱经风雨且隐忍退避的身形、质朴而又耐看的容颜，这一切无不与往日——旧时代相对应。时移世改，新一代的孩子们会珍藏并同情、理解照片上的先人吗？后人如何与那些先人达到心灵的共鸣呢？

　　相片承载的家族记忆能够保留多久呢？后辈真的渴望知晓那些隔了几代的先人的长相、做派如何吗？朝代更迭，时移世改，那些陌生的装扮、体态，还有目光，与你再次遭逢时，会不会心存一丝异样的感觉呢？

　　家庭相片是家族记忆的载体，这话听起来既温情脉脉又理性有加。没有人会否定这样的说法。但严格依照编年顺序的家庭相册只是少数。

天津 红旗 1967

1956 年，中国照相馆由上海部分迁京，上海方面重新组建中国照相馆，由沪上八家中小企业连同原"中国"留沪人员合组。1959 年，合组后的上海中国照相馆作为全行业学习的榜样，被评为全国先进生产者先进集体代表，出席全国群英大会。

1959 年，儿童读物《万里东风红旗飘》中收录了任大星的文章《合家欢的故事》，作者以文学的笔调记述了上海南京西路八十八号中国照相馆的故事，而这一故事的确是根据真人真事编写而成。中国照相馆代表张燮堂1959 年在全国群英大会发言中讲述的故事原型、华东师范大学学生周有铭一家照相的事，可文史互证。

《合家欢的故事》中这样记述道：

玻璃橱窗内陈列着不少栩栩如生的照片，左边全是人像照：这儿有胸前挂满奖章的劳动模范，有沉浸在丰收喜悦中的老农民，有排立整齐、英气勃勃的海军战士集体照，有健壮活泼的女运动员，还有带着幸福微笑的新婚夫妇……右边，则在"伟大祖国锦绣河山"八个红色艺术字的标题下，陈列着雄伟的鞍钢、新建的长江大桥等祖国的建设图景照。这两排小小的玻璃橱窗，生动地反映了我们祖国飞跃发展的建设面貌和我们这个时代人民的精神面貌。

少先队员陈惠玲幸运地跟着中国照相馆的工作人员参观了修底组、着色组和修相组。

修底组的同志们，用着很细很细的毛笔，修着照相底片。他们不但能修去照相的人面部的一些缺陷，而且还能根据顾客的意见，使消瘦的人显得比较丰满，使苍老的人显得比较年轻。其中的一位叔叔，还改进了工作方法，用一种化学药水代替原来修底片用的铅笔，使工作效率提高了一倍，后来在全国照相馆推广。

着色组的同志们，在已经印出来的照片上着上颜色，使照片更显得像真人一般。他们也有先进的工作方法，那就是不但用笔，而且用细木棒，用棉花团，甚至用自己的指头蘸了颜料往照片上着，这不但使颜色着得均匀，而且又着得快。

修相组的同志仔细修着照片，把照片上的一切毛病都消灭掉。他们把人们的眼睛修得更加黑白分明，轮廓更加自然、齐整。他们不光对大照片是这样，对小照片也是这样。

周有铭一家的"合家欢"

终于，这26位连大带小、熙熙攘攘的一大群人，上楼进入了摄影间。替他们拍照的有两位摄影师。他们早就问清楚了这一家人的辈分长次、年龄大小，看过了这一家人的身材长短、脸形胖瘦。摄影间里已经布置得十分妥帖，当中摆着两张椅子，这是给爷爷和奶奶坐的；后面摆好了垫脚架，这是给站到最后列的男人们站的；女人站在中间；孩子们站在爷爷和奶奶的两旁。当然，未满半岁的小毛，是由大嫂抱在怀里的。营业员和家里人商量好，为了节约，决定拍摄八寸照；如果照得满意，再放大一张十二寸。营业员还主动地介绍他们用光纸印，他说，因为是合家欢，人的脸部小，用光纸印，脸部可以更清晰些，而且价钱也比用厚纸印便宜。

这一切准备停当后：盏盏雪亮的、耀人眼花的灯打亮了。

　　相对于民国，20世纪下半叶的日常生活照片，制作质量，甚至质地都变得粗陋，不那么讲究了。民国时期的日常生活照片数量相对较少，并且只有少数权贵、富裕商贾、精英阶层家庭才拥有照相的可能，故而优雅精致得多。被摄者或长袍马褂，或西装革履，或烫发旗袍，或少年意气，或老成持重，得体为上，秩序为本。

　　到底发生了什么，导致日常生活影像出现如此变故。先前的一切，包括影像文化书写、认知的高度，好像完全不存在似的。眼下，在二者之间找出关联的努力，也没有什么结果。民国日常生活影像，那是一段并不神秘，却业已消逝的影像文明。

可以说，那些悬挂在墙上的家庭相框就是立起来的家庭相册，二者没有什么实质性的差异。它们中相片私密程度有差异吗？几乎没有。很多人会不假思索地认定，那些随时等待观看者打开的册子，没有多少私密可言。可其间的那些面孔，哪一个不饱藏岁月的隐秘呢！悬挂墙上家庭相框中的相片密集地堆积在一起，甚至相互叠加。但传统的观看者却很少考察其整体面貌，更不会思考意义冲突之类的话题，他们大多贴近相框，仔细分辨其间的相片，这种观看方式与一页页翻看相册并无差异。

　　那些用来给客人看的家庭相册旁，总有一位热心的主人，通常都是勤勉执事的女主人在为客人讲解。她叙述、阐释着相片上的每一个细节，在客人啧啧点评与称赞声中满足。一般的客人哪能受到这样的待遇。叙事者、被描述的相片，还有倾听者，家庭相片得以体面地呈现。

　　家庭讲解员述说的总是那些让人羡慕的过去：去了哪些繁华之地，见过哪些稀罕之物，享受过哪些难得一见的天物等等。当然，纵是在这些与日常生活环境

迥异的地方，一家人也还是规规矩矩，恪守着传统道德规范，没有做有伤风化的事情。

相片解说的边界在哪里呢？不能伤害别人的自尊，又满足了自己的自尊心；既展示了自己的生活方式、生命印迹，又不至于让人觉得有什么出格的地方。小市民家庭相片讲解人的控制力非寻常人能够拿捏。那些有关家族荣耀的相片，写在纸上、印在书上的文字，看起来言之凿凿。

像照相一样，像照相馆里的照相一样，照相机械主义，这些批评、讥诮之语，迟早有一天会变成既可爱又可敬的褒扬之声。

多么真实的历史影像文献啊！

# 11.
## 友谊长存

　　阶级情、同志谊，革命战友合影去。青山常在，友谊长存。这一时期日常生活中的影像，显然异于文字文本，与传统的影像文本也不相同。它的特殊、异质性，自然与其身处的时代一道，成为现代中国社会及文化状况的样本。这些在照相馆内组织拍摄的合影照片，无不带有丰富的信息，成为时代的底色。

　　20 世纪 20 至 30 年代，上海照相业设置的服务项目名目繁多，可以说各种影像类型在这里都有呈现。《上海饮食服务业志》（2006 年版）记述，就其大类来说，除日常的合家欢照相、人像摄影外，还有新闻摄影、风景摄影、字据产品摄影，还包括婚纱摄影、戏装照相（包括舞台剧照），以及各种形式的花色照相和成套照相等。此外，还印制出售各种摄影图片、出售照相器材等。照相馆还附设出租婚纱礼服、戏装，并为顾客做简易化妆、黑白照片代为着色等服务项目。

　　这段描述，可以当作讨论1949 年以后，民间影像类型变迁的出发点。20 世纪上半叶，上海一直是影像文化最为发达的地区，内容也最为丰富，形式最为多元。这也恰恰是作家张爱玲在40 年代中后期创作的小说及散文中，对上海市民阶层照相状况表述的背景。而林泽苍的《摄影须知》一书，恰恰可以当作张爱玲照相叙述的知识背景——同一文化生态环境中的专业注解。彼时，沪上介绍欧美影像新知图书杂志层出不穷，各种交流活动此起彼伏，新思想新潮流你方唱罢我登场，热闹异常。但这一年过后，绝大部分人阅读西方国家影像的渠道中断了。

於延学習紀念 61.2.2

学友留影 1961.10.14

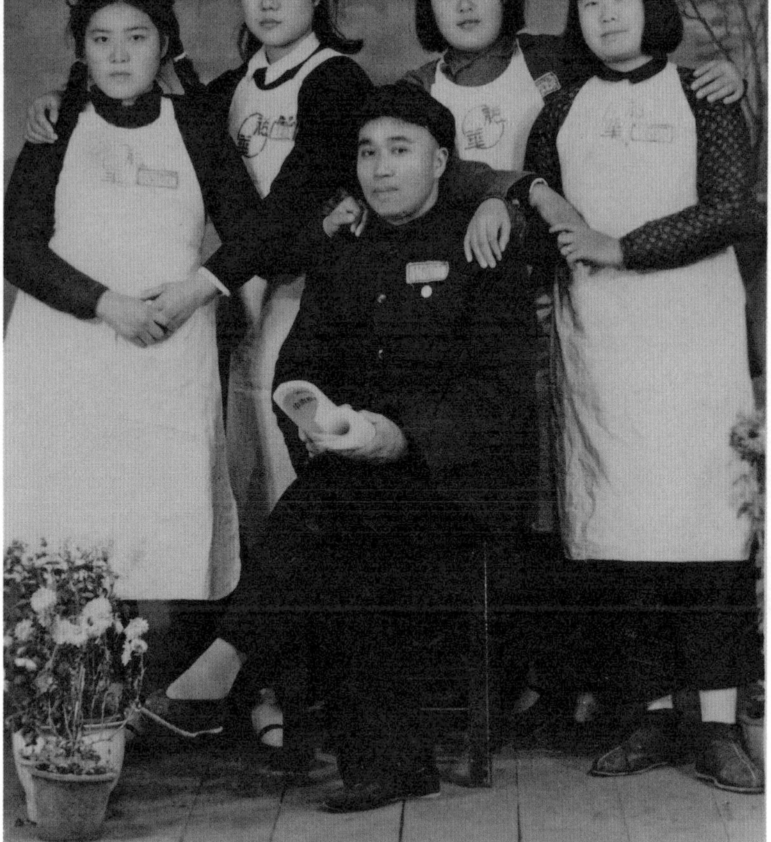

1956 年照相业全行业公私合营之时，上海制作摄影图片蔚为大观，盛极一时。统计资料显示，当年摄影图片多达 8 大类 1309 种。

上海照相业品种繁复细密，商业发达，自清季开始，由来已久。照相馆摄制的美女照、风景照，曾在市民阶层流布甚广。民国以降，摄影图片内容更是涉及歌曲、年画、名流等等。一时间，摄制销售照片成为照相业的经营项目之一，更是某些小照相馆的主营项目。

1958 年 5 月，上海市服务局、工商行政管理局、文化局、出版局及公安局共计 5 家单位召开会议，根据各相关部门反映的问题，经反复讨论，最终提出《关于取缔黄色照片进一步加强管理照片社出品内容的意见》。这是上海市"全面规范管理图片市场"的一份重要的、更是一份全面清理上海市场传统摄影图片的文件。自此，摄影图片产业开始萎缩。

1958 年，照相业天津会议。

1958 年 4 月，天津。第二商业部服务业管理局主持召开全国照相业会议，业内称作"天津会议"。与会者着重讨论了"方向问题"：照相业应该为劳动人民、为社会主义建设服务呢，还是继承过去残存的不正确、不健康的做法，为少数人服务，迎合少数人的口味？

会议讨论的热点是，新中国成立以来，照相业虽然逐步从过去为少数有钱人服务转变到了为广大劳动人民服务上来了，不少企业虽然在所有制上已经转变为社会主义的，但脱离广大劳动群众，不能适应客观要

求的现象还是十分严重。议题还涉及橱窗陈列、布景道具等问题，橱窗陈设上应坚决改变过去的歪风，去掉那些袒胸露臂、姿势奇形怪状的人像，多摆劳动人民活泼大方、勤劳勇敢的优美形象的照片，多摆一些社会主义建设面貌的照片，以鼓舞人们加速建设社会主义的干劲。

天津会议过后，全国各地诸多照相馆撤换了原来橱窗里陈列的一些"珠光宝气、雍容华贵、矫揉造作和油头粉面"的照片，那些官僚士绅、交际花、舞女和名媛照片更是绝迹。

## 12.
## 美丽新世界

马克斯·韦伯描述了现代社会与传统社会的区别，主要包括祛魅、时间碎片化与乡村都市化等。摄影术发明以降，人类的照相行为既见证了这一切，同时也参与创造了这一切。

日常生活照片负载着大量的历史信息，特别是个体或集体的记忆。当然还包括往日的审美、价值以及难以名状的情绪。但简单地把这些照片归结为记忆性影像，是十分庸俗的功利主义表现，是影像认知判断过程中免于思考的懒惰行为。

1981年，朱莉娅·赫尔（Julia Hirsch）在《家庭相片：内容、意义及影响》一书中，论及19世纪中叶以后，室内肖像拍摄的状况。摄影者为了掩饰社会阶级之间的差异，向客户提供他们称作"暂离现实"的作品。

英国历史学家彼得·伯克（Peter Burke）评价道：无论这些肖像是绘制的还是拍摄的，他们所记录的并不是社会现实，而是对社会的想象；不是普通的生活，而是特殊的表演。但是，正是由于这个原因，对于那些对希望、价值观和心态变化的历史感兴趣的历史学家来说，他们提供了无价的证据。

记忆性影像与未来愿景性影像。

未来还未到来之前，人们用照相的手段想象、制作未来。无论是建构历史，还是畅想未来，想象力在影像生产与解读中的作用都是必不可少的，甚至是十分关键的环节。没有想象力，影像必将索然无味。

未来——愿景——影像

未来：共产主义是天堂，社会主义是桥梁。

愿景：行有小包车，住有大瓦房；楼上楼下，电灯电话；土豆加牛肉。

马克思说：工业较发达国家向工业较不发达国家所显示的，只是后者未来的景象。

1958 年 6 月 5 日，北京照相业召开会议。中国摄影学会常务理事吴印咸应邀到会作了发言。吴印咸在发言中，批判了"摄影的形式主义"。他追问：我们照相业，有没有形式主义呢？我们用的背景，假山、栏杆，还有小船、小汽车、小飞机等，算不算从形式主义出发，大家可以研究。这一观点虽然以商讨的口吻讲出来，但客观上对照相术传入中国以来照相馆的空间形态、造型设置、布景道具，及至橱窗布置作出了全面评价，其影响达二十年之久。

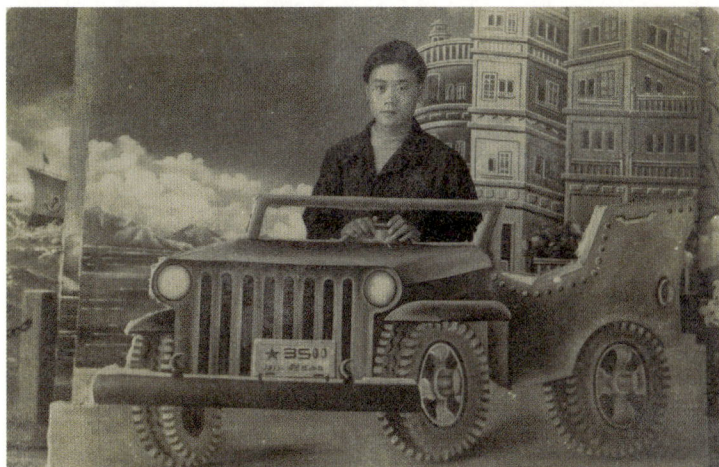

## 13.
## 应许之地

　　革命圣地、象征着革命意义的景观、祖国的大好河山、建设新成就，所有这些一般大众心之向往，但囿于现实条件限制，难以亲近的地方，出现在了照相馆的背景布上。在狭促的照相室里，建构起新生政权与人民群众共同期许的美好新世界。

星星之火，可以燎原
毛泽东

革命聖地井岗山

太阳升1969

参观毛主席旧居韶山留影6△年

革命圣地——延安

沈阳工农兵摄影

革命聖地—延安

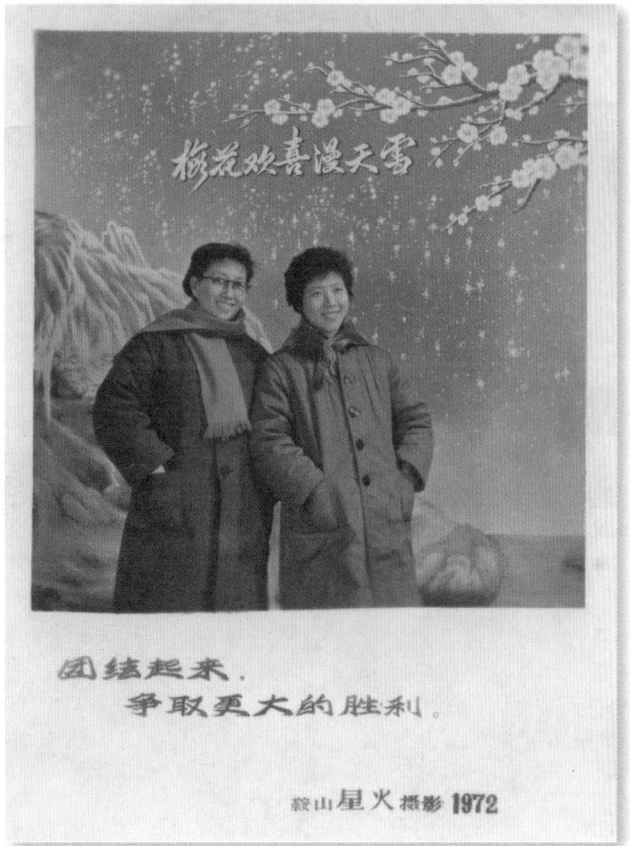

梅花欢喜漫天雪

团结起来,
争取更大的胜利.

鞍山星火摄影 1972

提高警惕
保卫祖国

鞍山起火摄影 1972 元旦

311

有意思的是，大众摄影充斥着有关不食人间烟火的幻想，不太涉及当时的政治环境。对那些醉心于表达个人感受的摄影师来说，很难把照相与什么炒菜、剃头、修脚、捶背、采耳等饮食服务业服务项目联系起来。但1956年照相业全行业公私合营以后，所有机构与人员便划归饮食服务公司管理。

　　以湖北黄石为例。黄石市饮食服务公司成立于1956年1月，当时公司下辖4个行业：旅社、餐馆、照相与浴池。理发业归手工管理局管理。1957年7月，进行商业体制改革，黄石市饮食服务公司撤销，在市服务局内设饮食服务科。1961年7月，改"政企合一"为"政企分开"，撤销专业科，再次成立饮食服务公司。到1976年3月，公司一分为二，分别成立了黄石市饮食公司、黄石市服务公司。饮食业包括熟食业、筵席业、茶馆业；服务业包括旅店业、照相业、理发业、浴池业、洗染业。照相业的直接管理机构是新成立的服务公司。

一桥飞架南北，天堑变通途。1956年6月，毛泽东在《水调歌头·游泳》中描述了正在修建中的武汉长江大桥。这首诗词同样镌刻在1968年建成的南京长江大桥桥头。

武汉长江大桥与南京长江大桥一道，成为体现社会主义新中国钢铁般意志、现代化建设能力的象征，作为社会主义现实主义新美学的实体样本，也成为亿万大众向往的新景观。

除了那些标准化的官方影像模式，有无民间影像，而其叙事风格是否具有独立性，并体现出类型差异明显的美学追求呢？答案显然不能靠推导，而只能从既有的大量照片中去分析、寻找。

早已森严壁垒，
更加众志成城

1970.10.1.
于鞍山

325

第四章

# 时代（上）

这一部分按照历史阶段、类型差异，基于时代特点，集中梳理了20世纪下半叶，日常照相行为与社会性别、阶层、潮流、主流意识形态认可的价值与美学等诸般关系，集中呈现了中国人社会主义集体主义生活背景下的日常影像观照。

显然，在社会生活的各个层面，影像生产都扮演着重要的角色。其首要目标，便是建构作为新社会主体的个体与群体，使他们成为时代的同志，志同道合，与时代合拍。时代是他们的舞台，他们是时代的演员——主角与配角。通过照相——这一便捷、普遍且庄重的社会化仪式，将个体转化为社会存在。

这一时期，人民大众照相身份形象的建构与解构，依照主流价值观，包括大众审美情趣而得以完成。人们之间的关系，因照相仪式而显示出特殊性，或得以重新塑造。如男人和男人，则彰显了亲密无间的同性、同志、阶级兄弟之谊。而男人与女人，无论时代的戒律多么严苛，依然难以掩饰那种天然的欢娱之情。除此之外，身份、阶层、年龄等与照相行为相关的秩序关系也得以呈现。

建构的过程包括：通过新的美学标准、范式的确立，来建构时代的同志——人民大众——新社会主人翁的身份形象。于是，诞生了具有时代特色的照相语言中的工农兵、劳模、儿童，甚至夫妻、恋人等。他们具有标准的、时代特色的体态语。

也有例外。暧昧的照相背景上，并不明确的时代特征符号；照相人物的身份形象与日常生活中真实的身份状况，既有一致性的情况出现，也有不一致的状况出现，如，大量着军装的非军人形象等。

1949年之后的很长一段时间内，个体的照相行为大都与"认同"相关。日常生活中，通过照相仪式，人们寻找并确立自己的性别、辈分、阶层、民族、职业、审美、趣味等。个体总会迫切地解决自身在集体中的身份认同问题。这决定了自己是时代的同路人，还是他者——这个大是大非问题。时代的同志，照片曾作为身份认同的物证而存在。

## 14.
## 男人与男人

　　劳动阶级、革命同志、战友兄弟，这样的关系没有隔膜与仇恨，没有理想志向不同而分道扬镳、陌路独行，没有异性之间的儿女情长，男欢女爱。男人们，革命阶级新型的社会关系，又蕴含着公众场合约定俗成的伦理秩序。

端阳留念 59年

端阳留念

五九年

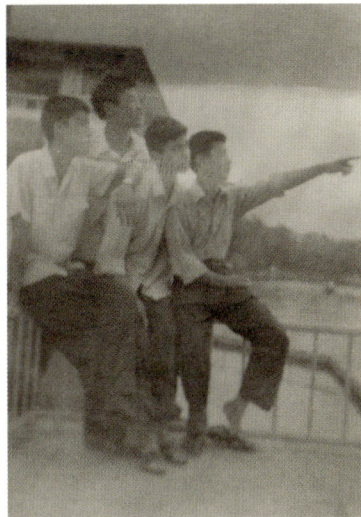

　　照相行为中的性别考察，这是个问题。同性关系、
异性关系、体态语言，拍照空间、拍照时间，传播想象，
甚至拍照背景、饰物等，都是这一重要话题的关键词。

　　日常生活照片中，被认为来自不同阶层的人，出现在同一张
照片上的可能性很小。共同的职业背景、相近的生活方式、一致
的着装、共同的价值理想，甚至审美趣味、个人癖好，人们生活
在努力建构，或想象出来的共同体——集体大家庭中，成为其
中合格的一员。照相机为此立据，不是以文字作为证据，而是以
图像。照相行为既建构，又强化了这一切。

　　五湖四海。男人们来自不同地域，投身到集体中。他们身上的地域特征日渐消失。服装、发型，甚至站立、行走、坐卧等体态语皆趋向一致。照片，透露了这一切。

友谊、友爱。男人们的体态语。鲜明的时代特色。

照片上的男人们，来自同一阶层，或者说，来自同一机构——单位，从事同一性质的工作。除了家庭生活之外，大量的时间生活在一起：集体中。

　　各怀心事。合影照里，这样的情形并不少见。看那些心事重重的男人们吧，相片里的世界与烟火气十足的人间有何区别？

温原合影纪念 57.12.21.

照相行为中的男人们，有时会不自觉地模仿起女人的行为，这样更放松、好看？还是他们给予照相者的某种权利？

　　这一时期，作为一个巨大的存在，宣传照片几乎无处不在。照片所呈现的社会主义大家庭模样，战友之情、同志之谊，行为举止，田园牧歌以及青山绿水之间矗立起来的铁塔、水电站、大坝、桥梁，出现的汽车、火车、轮船等和谐共生的现代化场景，无不昭示着新社会新生活场景与审美趣味。纵是在田间地头、公园、学校，甚至家庭内，在精心组织下，经过专业化的灯光布置服装道具准备，图像世界中，庸常的日常生活也宛若舞台般的社会剧场，让人心生向往。在此，照片审美体现了意识形态。

## 15.
## 女人与女人

　　相较于男人，女人们在一起拍照时，似乎表现得更加真诚、放松。是她们更懂得与照相机合作，化解这其间的张力吗？抑或这一切只是想象的结果，经不起深究。

　　1958年6月，吴印咸曾谈到摄影中的"女人形象"问题。旧社会的艺术是从形式从玩赏出发的，他们认为女人要有：曲线美，腿要比上身长，腰要很细很细的；瓜子脸，柳叶眉，樱桃口，眼睛要水滴滴的，皮肤白白嫩嫩的；手呢？要似白玉和嫩藕的样子。而劳动人民的审美观点只要五官端正、身体端正，能劳动就美。

罗兰·巴特（Roland Barthes）在分析19世纪西方现实主义小说时，认为其具有无所不包的思想活动，他甚至认为"从中可以获取一切知识"。同样，阅读张爱玲的小说，也可以触及民国家庭照相业方方面面的知识，当然还有体温。早在20世纪40年代上半期，张爱玲便依恃天启般的感触、认知与表述，以上海为中心，用"安稳""苍凉"的笔触，完成了中文语境下摄影现代性特征的书写。她的十几个短篇、几十篇散文及后来陆续发表的作品，对世俗社会生活中，国人之于照相的心理、状态、类型与阐释，及对其仓促、易变、临时而又永恒等现代性特征的描写，无不剖析入微，鞭辟入里。不仅如此，她的这些文字，甚至还可以当作民国摄影知识——摄影史来研究。张爱玲对摄影的认知、描述，与波德莱尔（Charles Pierre Baudelaire）对"现代性"的表述非常吻合。波德莱尔写道："现代性是短暂的、易变的、临时的，它是艺术的一面，而另一面却是对永恒的追求。"

道具、符号、色彩，整齐划一的动作，相似的
表情，集体主义时代庄严的仪式感。

铁姑娘，半边天，妇女解放，男女平等，从灶台边解放出来的
女人们。媒体称，她们在家庭和社会生活中拥有了与男子同样的地
位和权力。日常生活照片中可以验证这一切吗？

集体主义至上的年代，女人与女人合影时，彼此之间的身体接触甚至没有男人们那样亲密无间，搂搂抱抱的情形甚至较之男人们还少见。显然，这是传统价值伦理与现实意识形态双重规训的结果。整齐划一，甚至单调重复的情形并不鲜见。

　　纵是宣称女性解放了，女人们的身体仍然是紧张的。特别是在照
相行为中，由拍摄者（多为男性）在公共场合观察、调动、操作的情
形下，她们彼此之间往往审慎而有节制地保持着距离。

为了照相，她们穿上了自己体面的衣服，精心做了发型、配了鞋子。很长时间，这次照相都会成为自己与姊妹们记忆中最美好的一刻。

　　为集体拍照，摄影师既是组织者，又是施与者。他们拥有照相机——拍照的权力，甚至规定拍照的秩序。在与拍照对象的关系上，照相馆的师傅可谓模范。他们大多具有严格的职业操守，与顾客之间保持着严格的距离：接单、安排、调度、拍摄，再见！几天后，顾客满怀期待地取片时，见到的不是摄影师本人，而是前台的工作人员。也就是说，在此，顾客与摄影师进一步交流的渠道是中断的。而那些照相馆之外单位体制下拥有照相机，且粗通暗房洗印制作技术的个人，更不要说那些纯个人拥有照相机的个体了，他们的照相行为颇像传说中的游方僧，有着独特的气质、行为，面对镜头下的俏佳人，他们总是格外上心。拍照过后，故事还在延展。

持有相机、拍照的人多为男性。这一事实，在某种程度上意味着，这些女性照片的诞生是男性视角观照（凝视）下的产物。这种拍照的权力，赋予了观看的合法性，甚至近距离审视，包括摆弄的自由。如果没有照相机，这是难以想象的。

照相，集体文化心理型塑的现代性仪式。

　　玉照。以玉之洁白、美好、贤德、珍贵来形容别人的照片。如果不是客套虚应，这该是多么让人心动的敬称啊！玉面、玉体、玉声，再加上玉照，那该是一个多么美好的人间世界啊！但在20世纪下半叶很长一段时间里的话语辞典里，没有这个词。

　　一起观看、分享那些保存着集体记忆的相片，共同述说、添加由这些影像勾连出的共同记忆。一个多么温馨感人的场景啊！这也是过去年代里，社会关系之一斑。

多年以后，当事者描述的"最美的时光"，大抵如此。有集体，没有集体照，便没了共同记忆的视觉载体。保留这张集体照，事件、友谊、爱，笑声、气息、目光、小动作，等等，便有了依托。为了其中某位心仪的异性而保留合影照的现象，这样的情形会有多少呢？"你当年头发乌黑发亮，目光炯炯有神，下巴尖尖的，走起路来真实好看，特别是背影简直美极了！""还记得小拇指上的伤疤吗，真是让人心疼。"多么忧伤的溢美之词啊！照片无存。

　　休闲、娱乐与拍照，姐妹们走进大自然。女人
与大自然的关系似乎更加天然。而在大自然的怀抱
中，这种张力消失了。

　　有些业余摄影师，巧舌如簧，凭着三寸不烂之舌；而被摄者，特别是女性被摄者又天然地相信他们具有一双发现美的眼睛，当然，更是想当然地认为他们在自己身上发现美的能力。有多少被摄者，会因为拍照而改变命运呢？特别是女人。无论多么亲密的关系，事实上，这一切都是他者观看的产物。

## 16.
# 男人与女人

　　男女关系，特别是群体中的男女关系，一直是个经久不衰的话题。照片中的男女关系也是如此。

　　照片侦探术，照相考古学。不过，知情人透露，有人分析使用的案例永远都是那些自己准备好、而外人初次见到的佚名之作。

友谊观。

　　同志间的合影，拒绝男女私谊。不承认超阶级的爱与友谊。有一个时期的友谊是被严格界定的。把"义气"看作友谊，那是封建阶级的把戏；建立在利害关系、交换关系上的所谓友谊，那是资产阶级的把戏。同志们之间的合影，那是无产阶级和一切被压迫的劳动人民之间纯真、朴素而又坚定的友谊和情感。

日常男女合影，位置顺序有一定规则吗？性别、年龄、革命队伍里的职位等，有时很是讲究，有时却很随意。

一九七四 国庆

男女青年，或是学生，或是工人，或是机关单位体制中人。野炊、爬山、划船、歌唱，如果再有一件乐器相伴，当然更重要的是有一台适时出现在人们面前的照相机，那一切就完美了。这样的情形，不只会让亲历者记忆一生，更有可能会改变其间某些人的一生。

季节、风向、植被、色彩，当然还有人们的情绪，分析照片拍摄的时间、地点，模拟当时的情境，不是可以更好地理解这些照片、理解一个逝去的时代吗？只是多少人有心这么做呢！

　　照相文化中，人类的天性是否可以突破性别界限、
身份界限、阶层差异、文化规制及意识形态规定？

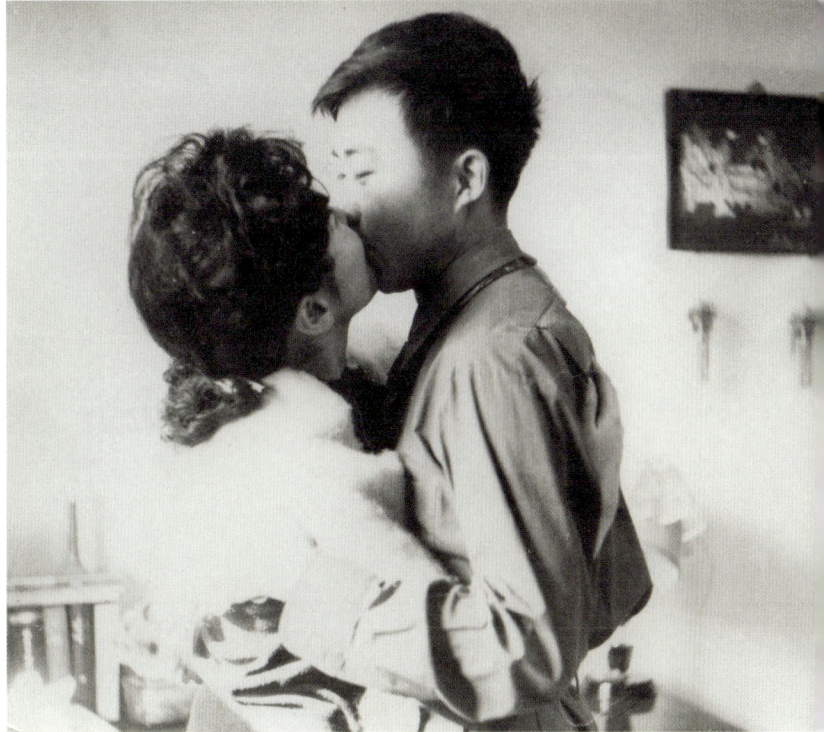

# 17

# 时代**的孩子**

　　照相行为只是现实生活中偶尔出现的一个环节。
你的样子，就是现实世界本身。

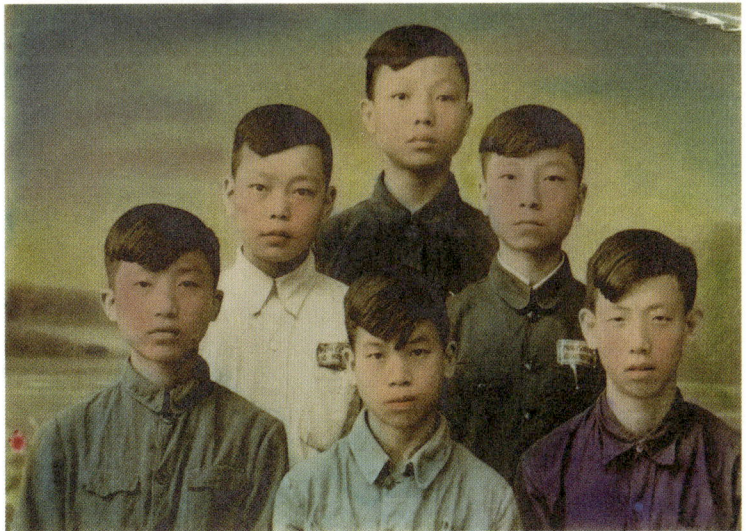

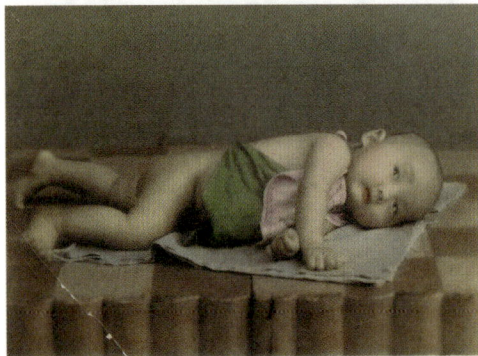
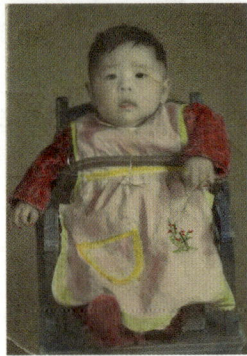

孩子，时代塑造了你，建构了你。你的模样，是成人世界的缩影，不可逃脱的是历史的规定性。

你的样子，就是现实世界本身。

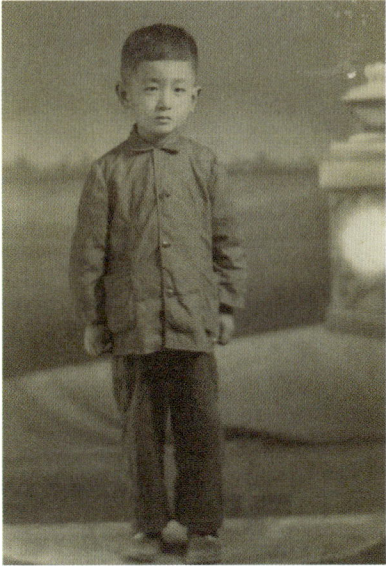

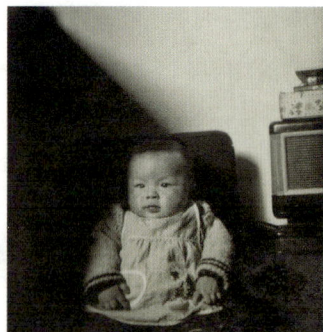

## 18.
## 红装与武装

1960 年代起，社会生活中出现了大量着军装，或形似军装的照片，而这些人（大多是青年男女）并不是军人，这可视为弃红装、爱武装现象吧。

曾有一个时代：中华儿女多奇志，不爱红装爱武装。

1961 年，毛泽东为身边女机要员民兵训练照题诗，并叮嘱不要学习林黛玉，而要学习花木兰、穆桂英。诗中"儿女"，当指女性，特别是年轻女性。

1960 年代，以上海光荣摄影图片厂为代表的戏剧照片印制重镇，产品内容多取材于大众喜闻乐见的传统戏剧。画家根据情节绘制成图像，尔后翻拍制作成照片，印刷精美、数量巨大，流布甚广，在民间颇有市场，成为日常照片的重要组成部分。

而民间模仿装扮，一直兴盛夺目。但是，作为传统文化的重要部分，传统戏剧的内容及其承载的价值，与新社会的意识形态建构明显存在着矛盾、冲突。在随后的日子里，这些戏剧图片被清理。

## 19.
# 读书看报

　　这些影像有其特殊的历史语境。公共场合群体性的读书看报活动，通过照片及文字传播后，成为大众日常照相行为的重要模仿形式之一种。

别前聚歡 七四夏

想当年 72.6.19.

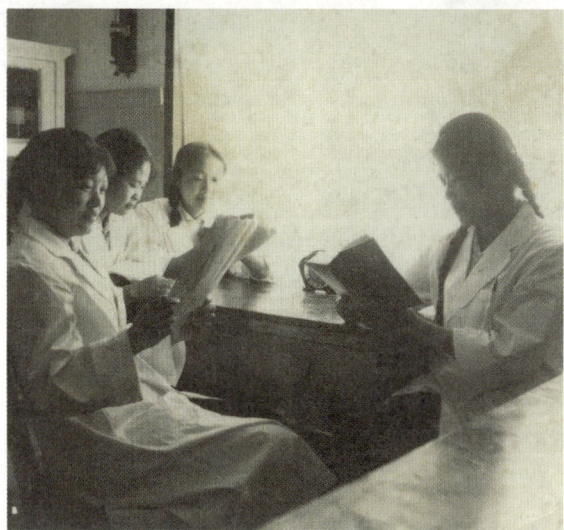

493

　　中华人民共和国成立初期，出于广泛开展时事宣传、普及提高民众的思想政治觉悟的目的，在基层单位成立了时事学习小组，一起读书读报，开展集中学习活动。

　　在普通大众的意识中，读书看报，学知识、学文化，总是被广泛认同，甚至尊崇的行为。万般皆下品，唯有读书高，这一观念许多人骨子里是认同的。因而，人们乐于以书报为道具进行拍照，或作为陌生青年男女初次约会的识别物。公开出版的书与报，高雅之物，知识之载体，政治正确的饰品，品位的象征。

# 20

## 吹拉弹唱

又红又专，多才多艺，时代新人的标准图式。尽管照片中的许多人动作僵硬，而且也许与他们手中的乐器从来都没有过一丁点儿关系。

乐器作为道具，及操持乐器状，
成为日常照相行为的标准化模式。

## 21.
## 站立

　　框限身体，创造理想的身体意向。整齐划一，既来自传统文化的训导，又符合新时代对统一意志、步调一致的要求。

　　站如松。

青岛海滨留念　1969.6.5.

国营 坊子 人民照相

站姿——站立姿势的标准，来自于战争年代士兵出操站立规范。

青岛 万年青 照相

中山路107号

# 指引

　　作为表达和表演，"指引"动作并非都是严肃的意义申张。日常照相行为中，多数时候，"指引"仅仅是视觉塑造的标准动作，且具有短暂的集中被摄者注意力及娱乐化功能。

　　1950年5月20日，毛泽东在沈阳市政府关于铸造毛泽东铜像给新闻摄影局的公函上批示："铸铜像影响不好，故不应铸。"事情缘于沈阳各界人民代表会议为纪念中华人民共和国成立，决定在市中心修建开国纪念塔，塔上铸毛泽东铜像一事。沈阳市人民政府为此致函中央新闻摄影局，请求代为拍摄毛泽东全身八英寸站像四幅。毛泽东在来函"修建开国纪念塔"旁批写："这是可以的"；在"铸毛泽东铜像"旁批写："只有讽刺意义。"

　　1950年2月25日，政务院文委就拟订《关于绘制出版毛主席像暂行办法（草案）》，要求"业经规定之毛主席标准像，由出版总署责成新华书店统一印制发行"。各地私营出版业如欲复制标准像，必须于事前取得出版总署允许。

1964年7月发布的《关于加强对各种人物照片和歌曲照片印制、出售管理的联合通知》，从照片内容、印制质量的审核，到印制、发行机构的指定，再到已有照片的处理，无所不包。对于民间影像，包括家庭空间内各类影像的研究者来说，无论如何，"联合通知"都是一份无法绕开，值得高度关注的文本。

一只手，通常是右手指向远方，那一刻，
另一只手——左手，在干什么？

20世纪下半叶日常照相行为中被拍摄对象
指向远方动作的生成及消失原因？

　　1966 年 9 月，具有讲求技术、重视质量传统的上海照相业被指定印制毛主席照片。上海市迅速从上海市摄影图片社、中国照相馆、光艺照相馆等照相业骨干机构抽调人员 419 名，组成 7 个印制工场。印制使命结束后，7 个工场于 1967 年 3 月底撤销。其后，少量印制由上海摄影图片社承担。

　　1976 年以后五年间，对民间影像形态的管制有所放松，先前被禁止的影像类型有的得以恢复，但大多数类型的影像已消失在历史的长河中。

　　1980年10月20日，中共中央书记处会议决定，在今后二三十年内，一律不准挂现任领导人像，以利于肃清个人迷信。

　　1981年7月20日，中央规定，从十一届六中全会起，党和国家领导人不搞标准像，不在公共场合、礼堂、会议室或其他有群众参加活动的地方挂像。规定同时要求，对外亦应如此，如遇有外国机构索取我国现领导人挂像，应予婉拒。

照相机这一现代性"书写"工具，在20世纪的绝大部分时间里，对于物质材料匮乏、科学知识欠缺、生存空间逼仄、眼界视野有限的普通中国人来说，具有十足的神秘属性，甚至神性。

　　拼贴照的目的是美化人生、陶冶情操，大抵如此，别无深意。简单的手工技艺，在影像生产环节的简单运用，没有复杂的理论背景，没有复杂的社会思潮！嘘，日常照片的出现哪里有这么多说道，到此为止，不可过度阐释啊！

　　手工书写文字，记述、表达、规定的大众日常生活文本在人类文明史上占主导地位。清季，开始出现了经由照相行为（拍摄者、被拍摄者和相机）而呈现出来的陌生、异质的影像文本。

起于物，止于物？此刻，有一种日常生活中"照相拜物教"诞生了。

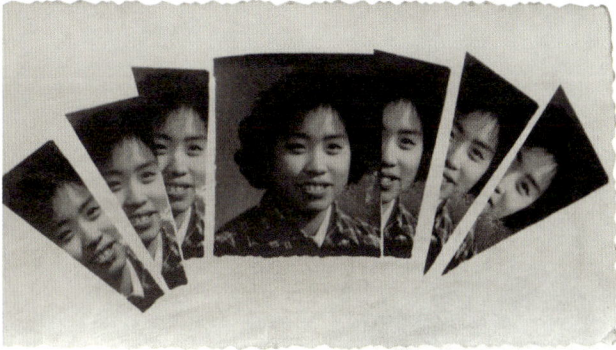

尼采说，我们的书写工具作用于我们的思想。谁能否认
照相机作用于，甚至左右着我们的认知，乃至思想呢？

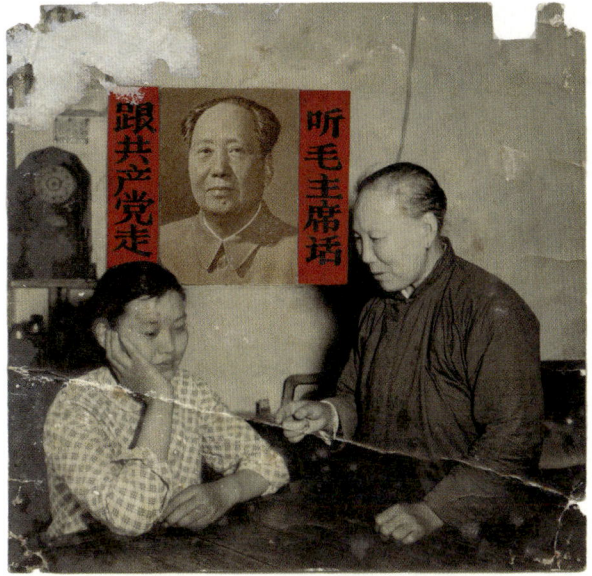

## 24.
# 粉墨登场

　　当摄影师及等待拍照的人们共同出现在某一场合时，大家都认为应该为照相机的出现营造出良好的空间氛围，布置、选择场地，梳洗打扮。这一切，都是自然而然发生的，也被认为是必须这么做才能够与庄严的照相行为相匹配。当被拍摄者沐浴在神圣的灵光中，沉浸在良好的情绪中时，这是照相的应有之义。

北京故宫留影 1982

北京故宫留影 1982

563

梅兰芳：一个人的戏曲相片摄影史。

1953年夏天，上海新艺照相馆摄影师吴天明赶往无锡，为在那里演出的梅剧团梅兰芳先生拍照。这年秋天，吴天明又赶往上海思南路87号梅兰芳家中拜访他。这一次，他们谈了大约三个小时，主要是戏剧摄影问题。吴天明感叹，梅先生不但是一个摄影爱好者，更有着深厚的摄影艺术修养；在摄影的审美观点上，远远胜过有数十年照相经验的技师。20世纪50年代，梅兰芳的剧照中，《穆柯寨》《金山寺》《贵妃》《别姬》《洛神》皆为吴天明拍摄。

后来，梅兰芳撰写《戏曲照像》专文，论及中国戏曲照相的历史，点评身边前辈、名家的戏曲照得失。经其点评的名家相片就有：谭鑫培先生的《南天门》《汾河湾》《定军山》，谭鑫培先生与杨小楼先生合摄的《阳平关》；俞菊笙先生《长坂坡》中的"问名"，俞菊笙先生与陈德霖先生《长坂坡》中的"掩井"；钱金福先生在《雁门关》中扮演的韩昌；王楞仙先生扮演的杨八郎，王楞仙先生《牡丹亭》中的"拾画"；何九（桂山）先生的《火判》；余叔岩先生的《洗浮山》；许德义先生的《金沙滩》；杨小楼先生的《青石山》《长坂坡》《莲花湖》；朱文英、张

淇林合照的《盗仙草》；周信芳的《义责王魁》《战长沙》《斩经堂》。

　　梅兰芳先生除了拍摄戏剧照外，自己也躬身实践，购置相机、胶片等花了不少银两。根据经验，梅先生还总结出剧院现场照相"六忌"：一、忌正像偏照；二、忌侧像正照；三、忌照未完成的亮相；四、忌仰镜头；五、忌照开口音；六、忌照不合节奏的相。

　　不过，梅先生也承认，公开演出和照相是有矛盾的。除了对戏曲照片有较为系统的研究外，梅兰芳先生还亲自为照片着色。许源来先生回忆抗战时期的梅兰芳：有一次，一位朋友的夫人偶然拿了一张照片请他着色，这本是一时兴起的游戏之作，可是他着笔细腻、敷色淡雅，绝不是一般喜用大红大绿、专事色彩堆砌的俗手所能企及的。看见的人都说："这哪儿是照片，简直成了一幅绝妙的仕女图了。"此后就有好多朋友拿照片请他着色，画了差不多大约有二三十张。

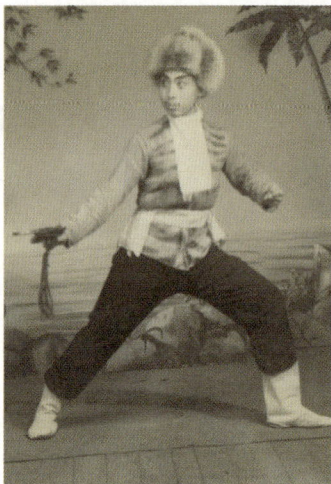

第五章

# 时代（下）

1970 年代末期、1980 年代初期，先前建构起来的日常生活影像文化形态逐渐被消解、改造，或者抛弃。从影像上背离过往历史赋予的规定性，无论这种背离是在私人生活领域，抑或公共空间发生的。

　　1980 年代中期以后，随着照相器材、辅助材料的普及，服务的标准化、大众化，照相变得普遍，大众对影像的认知经历了祛魅化过程。影像中的个体身份界限模糊了，原有影像的生产机制、体制及美学标准也开始逐步解体。凡此种种表明，人们对待照相的态度变了。青春、恋人与身体，爱、自我与放纵，删减、混搭与重构等这些先前的禁忌得到解放。总之，日常生活影像实验开始了。手持照相机的人拥有了独自表达的权力，虽然这种权力还是遮遮掩掩，但已经走出了一步，具有鲜明的时代特点。这是社会逐渐开放后出现的影像形态。此类影像在当年曾引起过巨大的争议，甚至成为被批判的对象。据此可以观察到中国人的日常生活影像中限制与反限制、模仿与突破、规制与逃逸的多重样态。

　　日常生活影像与现实生活并不是一种完全对等的关系，影像展现生活现实，与现实生活的情形相比照，有时总是在过与不及之间摇摆。1980 年代后期，影像呈现的世界与日常的真实状态更加接近，重要的是人们开始敢于用照相机来拍摄自己的眼前世界，还有更多的人开始逐步认同这种方式。

　　对社会生活中他者的呈现与解释，与人民大众作为这一时期主人翁的社会身份的塑造，及其主体地位的确立密切相关。在日常照相中，时代的他者——无论是个体还是群体，都是主体建构自我形象的要素。他们从相反的方向确认了时代的同志们特定的视觉世界观——社会主义新人的形象，从而赋予主体以意义。

性别、身份、阶层、审美等，当旧的价值体系失效后，大众照相体态语也随之发生改变。

二八月，乱穿衣。开放年代早期，经由大众发现、创造，中国人日常照相行为中产生了一批五花八门形形色色的文本，其丰富性先前及之后的年月都不可比拟。

人类借助于照相机制造了新的体态语。不同历史时期新的体态语层出不穷，与政治、宗教、审美、经济生活状况等因素都有关系。改革开放后，中国人日常照相体态语之丰富、多元，蔚为壮观。

## 25.
## 亲密时分

　　他们用照相机记录下的生活，超出了绝大多数同龄人的想象，迥异于他们身处的年代。如果没有这些照片，又有多少人会相信同一时期此类生活方式的存在呢？

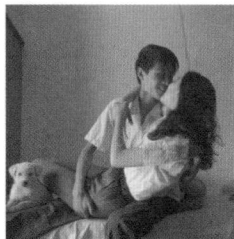

1982年10月，天津某处，小洋楼模样。当是那一时期，中国大陆青年生活条件最为优越的一对恋人独享的美好时光。

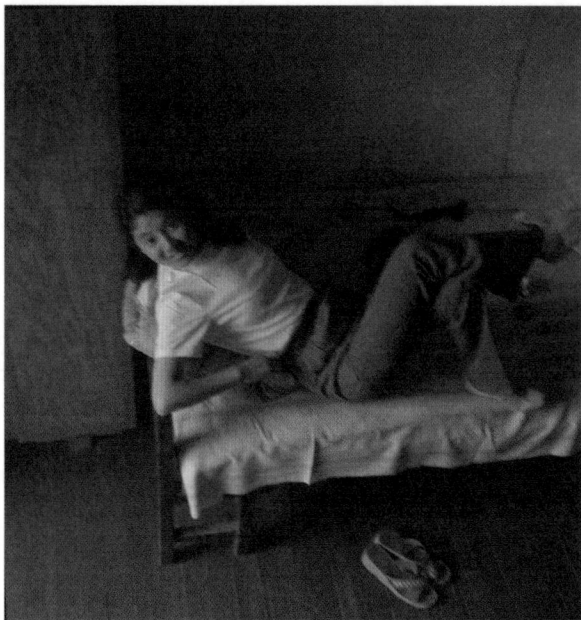

恋爱体态语

相声演员马季在1980年代初期创作的作品《逐步升级》中，依照年代顺序描述了20世纪下半叶城市市民阶层恋人们在室外——公开场合的亲昵行为，也就是恋爱中青年人的体态语。50年代牵牵手，60年代挎着走，70年代搂着走，80年代搂上了脖子。马季畅想的90年代里，"女同志非骑男同志脖子上不可"。他评价说，还是50年代的恋人形象美。

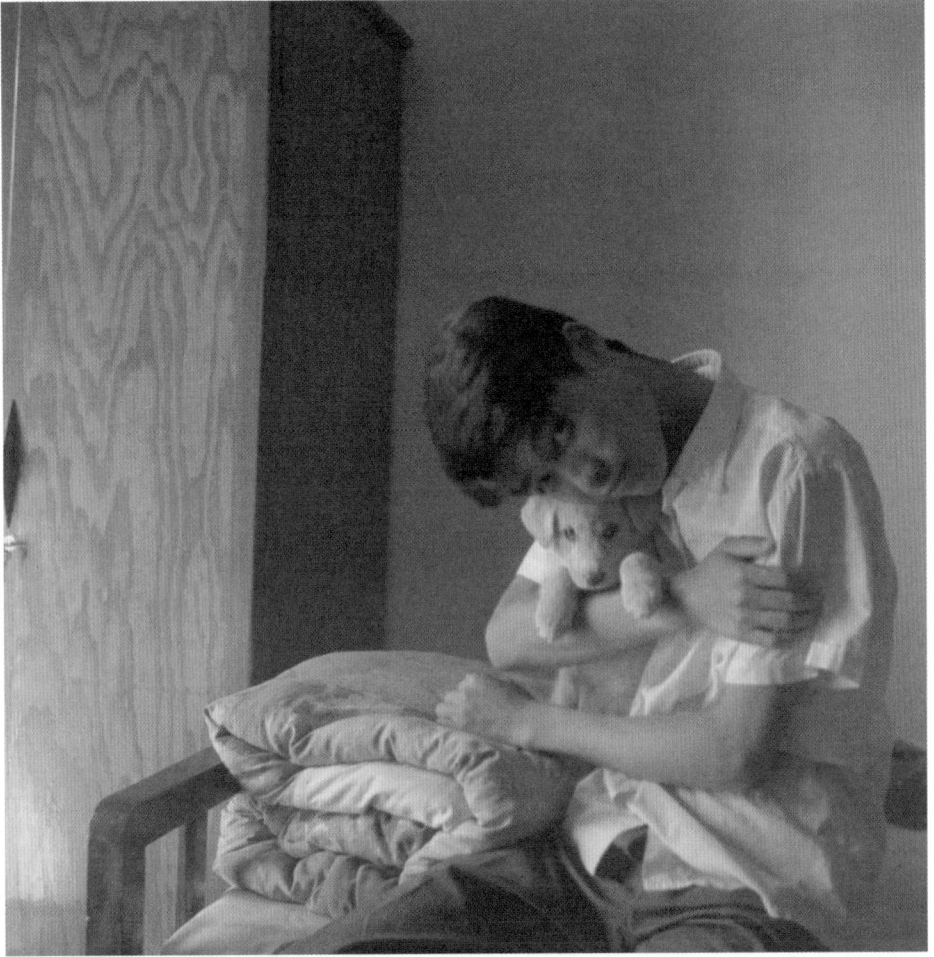

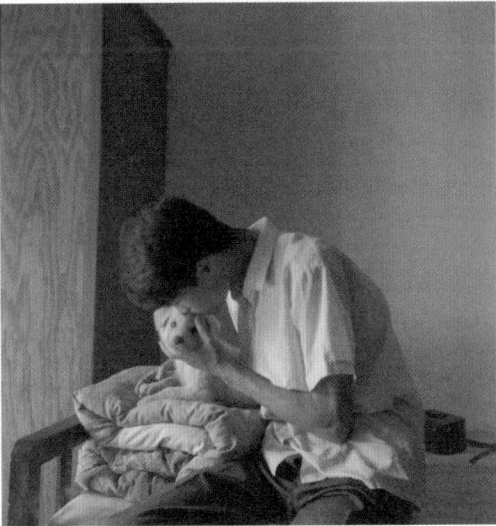

# 26

# 潮流青年

1980年代中期，烫发、穿时装、跳集体舞一度被视为"精神污染"。旋即又出现新的提法，群众要求美化精神生活与物质生活，绝不允许同思想战线上的精神污染混为一谈。

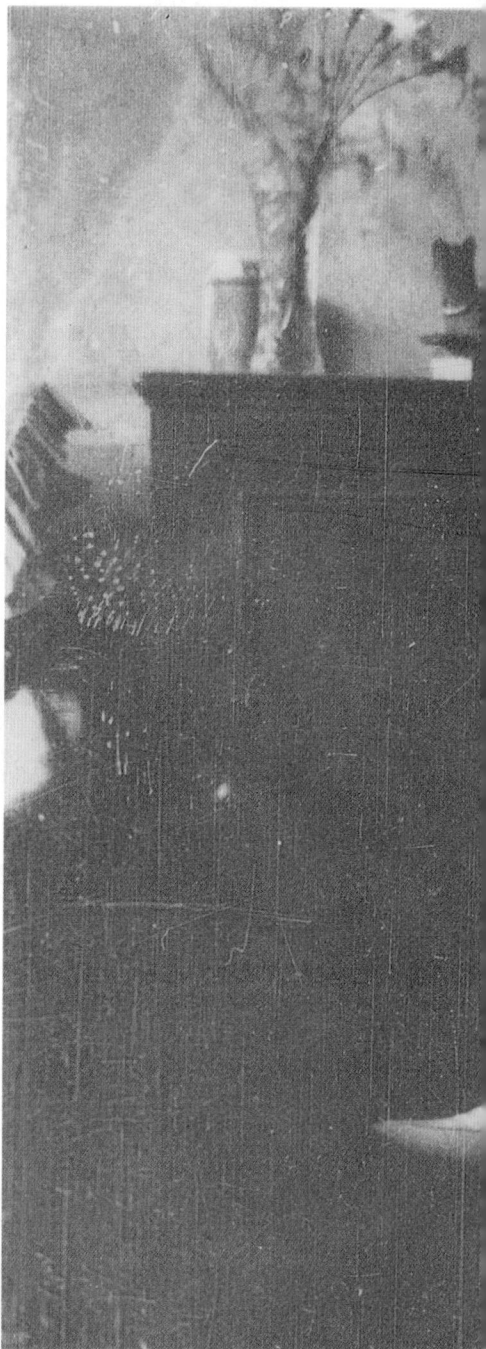

　　1982年，相声演员郝爱民创作了《小港和小美》。值得关注的是，作者对两个时髦青年的描述，正是这一时期首都北京市民阶层对这一群体的普遍看法。

　　单位青年，男小港，女小美。小港、小美，显然都是外号。小港的港，与香港，更进一步说与港台风相关，衣着"港式"；而小美，与崇美有关，那就是与美国为代表的资本主义生活方式相关了。在20世纪80年代初期的语境中他们具有特殊的身份形象。

"小港这打扮与众不同，长头发，小黑胡儿，大喇叭腿儿，太阳镜。走起道儿来，全是'迪斯科'。"

"小美更爱胡捯饬，盘的是窝头式发型，描细眉，蓝眼圈儿，红嘴唇儿，身穿白色特立灵连衣裙。打远处一看，整个一个人幌子过来了。"小美还扎耳朵眼儿。

相声中描述的小港和小美是恋人关系。两人正在热恋，搂腰、上饭馆、吵架，最后为了小美要的500块结婚钱，吹了！

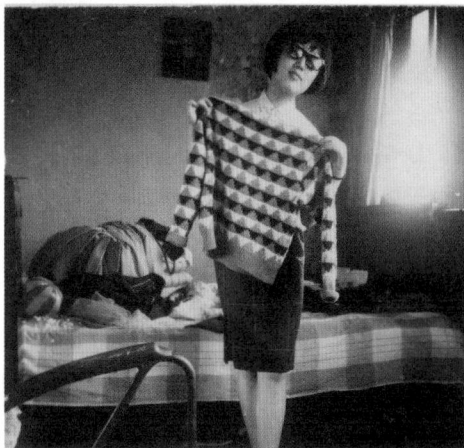

1979 年，28 岁的青年诗人骆耕野写下《不满》。这既是呐喊，又是预言。无论对于传统，还是现实，诗人的不满之情，具体而又真切，是为时代的心声。个体的呐喊，最终成为集体的意志，这是未来几十年间中国社会、经济发展的原动力。此间，大量的日常照片正是诞生于这一背景之下。

……
我是电流，我不满江河的浪费，
你白白流逝的，乃是我生存的乳泉；
我是高炉，我不满地球的吝啬，
你深深藏匿的，正是我生命的火焰；
我是庄稼，我害怕自然保姆的任性，
变幻莫测的风雨使我忐忑不安；
我是市场，我向往琳琅满目的富有，
陈列单调的橱窗叫我满面羞愧；
我是年迈的城镇，我的服饰多么古旧，
请为我披上高速公路的飘带，
请为我戴上摩天大厦的皇冠；
我是拘谨的生活，陈腐的习俗多么恼人，
请不要过多地责难服装和跳舞，
请不要过多地干涉青年的恋爱；
我是低产的田地，我不满蹒跚的耕牛哟；
我是发紫的肩头，我不满拉船的绳纤；
我不满步枪，不满水车，不满帆船，
我不满泥泞，不满噪音，不满污染。
……

1981 年，社会生活逐渐从百般禁忌中复苏，城市里化装照相成风，并逐渐流传至偏远乡村。但由于中断多年，先前的服装道具已作为"四旧"被焚毁，一些备受指责、此时仍然噤若寒蝉的老一代照相师傅不愿再次试水，此时的化装照被年轻一代接替。他们模仿那些刚刚传入的港台明星照片，包装、阐释着自期的 80 年代的新一辈。

在一些城镇、公社照相馆，古装照相已然复苏，但因古装与时兴服装一样缺乏，自制服装便大行其道。戴蛤蟆镜、叼烟卷，照仿制军人服装照片大行其道。剪裁不当的简易西装与同样蹩脚的中山装甚至出现了同一个照相人的身上。此时，新正统遭遇解构，崇高变为滑稽，民间影像的下一幕在不知不觉中开演了。

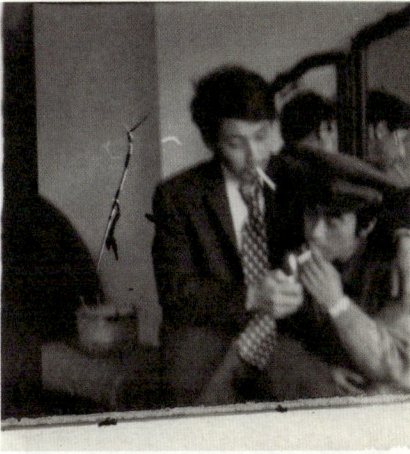

　　日常生活图式的改变，并不是在1976年10月一夜之间发生的，有一个逐步转变的过程。大约经过十年左右的时间。也就是说，后革命时代的体态语，在这之后的十年间，呈现出了一个特殊的影像形态：多元、放纵、无序、茫然，无论是男性，还是女性，无论是精英还是大众。

　　时移世易。普通人能够接受、认可的形象，当然还有气质。人们也容易对自己过往的装扮、情状只字不提。活在当下，恐怕也有这一层含义。很多人说，中国的城市人口三代以上都是农民，但先人们农民形象的照片又在哪里呢？它们被选择性地剔除了。

　　技术革新，材质变化，都会促成旧物件的消亡。有时不为别的，只是厌倦而已。那些尺寸短小、形容暗淡的旧日黑白照片，既不靓丽，更不时尚。寒酸，无色彩。有人说：拿不出手啊！

## 27.
# 身体身体

　　框限身体，创造理想的身体形态，包括与之一体化，符合大环境要求的个体着装。整齐划一，严肃、严实。

　　事情总有另一面。脱离、反叛、自我表达，这也是身体文化研究中的应有之义。

　　资产阶级思想——资产阶级自由化思想——资产阶级腐朽生活方式。时代的关键词、敏感词，与日常照相行为密切相关。而这一切与照相行为中个体的身体呈现，关系极大。事实上，对于封闭已久、生活困顿的普通人来说，上述语词的内涵，要么完全陌生，要么充满误读与想象。而这一切与强烈的"走向世界"这一集体意志到底是什么关系呢？时代两难命题，在大众照相行为中如何体现呢？

　　这一时期的大众影像中，身体一直作为被型塑与规训的目标。出格，无论是精神的，还是身体的，是要受到严格限定与惩戒的。个人是集体中的个人，身体同样属于集体，个人没有自由支配的权力。与此同时，反抗与脱离管控的冲动也无处不在，特别是进入1980年代以后。

纵是这脱离集体社会规制的短暂时光，照片上也难以看到什么个体的自由意志，或这类照片所体现出的不同个体呈现的稳定的总体特征。照片上，他们依然是政治、文化，包括庸常生活建构的产物。

　　照相行为一旦大众化、日常化，大众自主思考、自主操控、自主传播的愿望便不可阻挡。1984年，日常生活文化与实践的理论家塞托（Michel de Certeau）强调说，大众对"日常生活枯燥乏味的苦差事以及受辱感"〔亨利·列斐伏尔（Henri Lefebvre）1971〕的抵抗，可以在"适应"或"利用强加于人的体制的方式"中，发现日常生活的文化。

　　20世纪80年代初期，那些悬挂在街头店铺、印着靓丽美女头像照片的挂历（包括年历等）具有双重身份。一方面，它们因标注年月日而具有实用功能，故被当作"人民日常生活用品"；另一方面，这些招摇过市，进而登堂入室的美人们，又被要求肩负着匪夷所思的"宣传品"职能。

　　遥不可及的享乐，陌生异质、不食人间烟火的容颜，与不羁的体态，除了因对比强烈而产生的距离，甚至造就的威压外，那些高悬美人照的家庭和主人的心灵不知是否得到某种慰藉。反过头来，倒是无意间搭建出了一个时空错置的场景。

　　影像作品，风景照和美人照从来没有像现在一样受到亿万平民百姓的青睐。

　　后来的人们或许再也难以想象，那一天，快门声响的前前后后，是如何的惊世骇俗。拍下照片后，当事人是否经历过茫然无措，或全然忘却的时候。

　　许多年以后，底片奇迹般地出现在了西安的一家旧书商店，按照年龄推算，照片上的女主人，或许就是某位衣着保守提着买菜布兜跳广场舞叨叨唠唠带孙子的不太老的老太太。

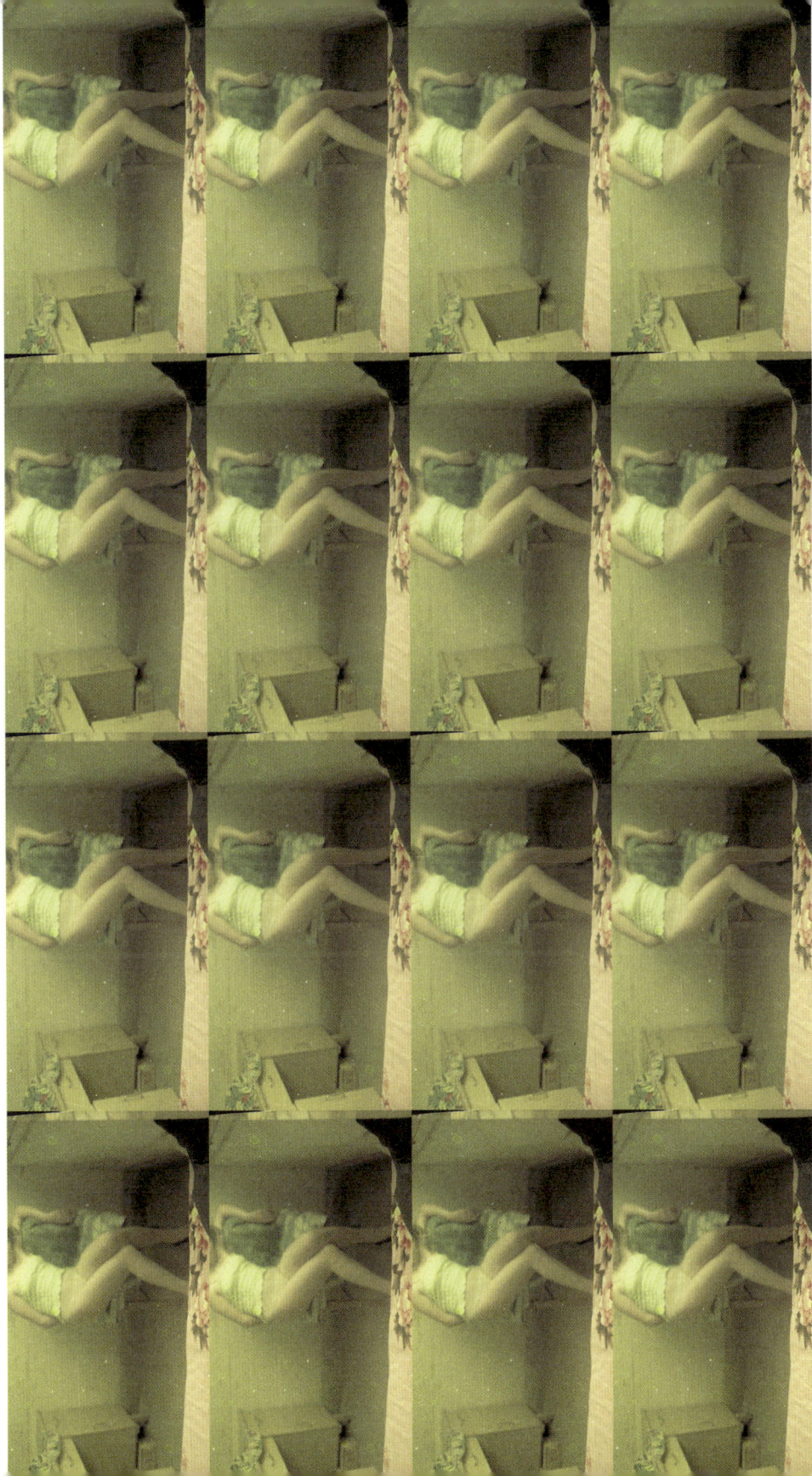

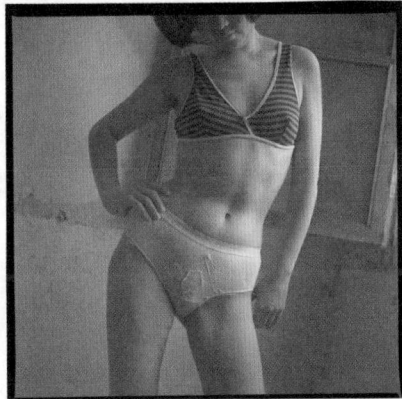

照相记录了个体从集体中游走出来的行止。

# 28

## 我和我

　　易装、变换姿势、改变神态，通过拍照，在同一空间内同时出现两个相互关联又相互冲突的统一个体形象，这是一个多么具有现代感的命题啊！这些图像超越了人们日常的认知与感受，带给人们意外之喜。

北京
1981
十三陵留影

很少有人煞有介事地给家庭相册写上前言、后记之类的文
字。如果有，看起来也是怪怪的。那些相册的拥有者们大多相
信，其间的人和事大都不言自明：谁能不知道这照片上的人，和
他们经历的那些有趣的事呢！

在上海，20世纪初期，赫赫有名的宝记照相馆便有此服务项目。《上海饮食服务业志》（2006年版）记述显示，20世纪70年代是花色照相的鼎盛时期。在上海，照相业的花色照相多达百余种。今天如若把这百余品种搜集全了做类型分析，与那一年代急剧变化的社会、政治景观对照阅读，也不失为一件蛮有趣的事情啊。

与那些被反复提及的政治影像，或所谓摄影名家的代表作不同，这些传播数量巨大的民间影像，却被当作了历史的边角料，不入正史，很少进入所谓摄影文化研究的视野。

有关花色照相的消亡，与80年代中期彩色摄影的兴起密切相关。这种手工制作、试图突破黑白照片审美边界的产品，不可避免地被快捷而又眼花缭乱的彩色照片取代。1989年，上海市黑白照相营业额仅占总营业额的4.6%。

　　20世纪80年代消亡的还有一种影像呈现类型，那就是花色照相。黑白照相式微，以此为基础的花色照相自然摆脱不了消亡的命运。照相馆，或者一些单位、家庭暗房在印相时，将人像套印放在预先设计好的各种图案之中。黑纸、掏空、负像穿越其间，投在相纸上，调焦、曝光、显影、定影、水洗、放大即可。有人将相纸裁成书签、邮票、明信片模样，印上头像，还有人制作起幻影照、分身照，如鲁迅先生在《论照相之类》中描述的"二我图"等等。

　　但"二我图""求己图"，这些历史名称似乎还不足以表达此类影像的内涵。照片的游戏，增加了叙事，生成了意义。有些照片不免让人浮想联翩，也有一些在凡俗琐碎的日常生活场景中，增加了诸多的趣味性。

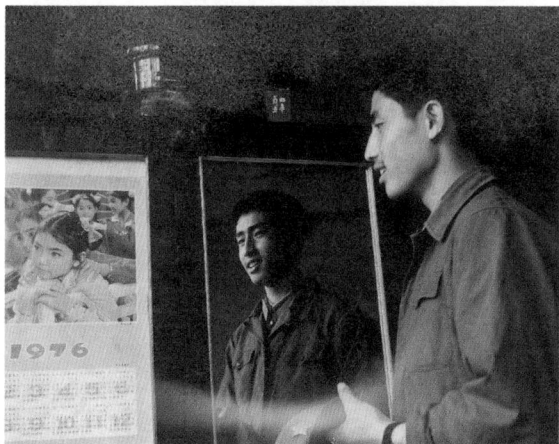

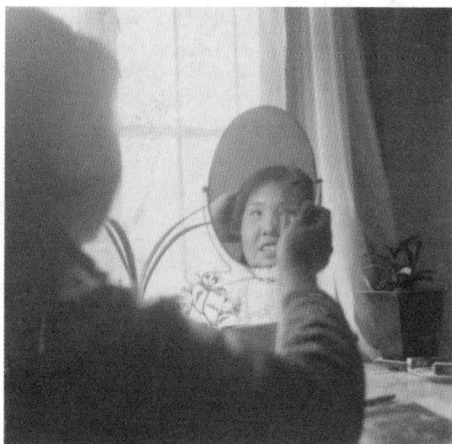

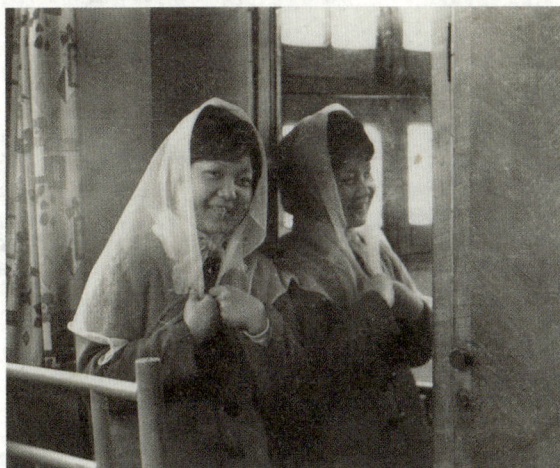

# 29

# 持相机的人

"照相的"——日常生活中拥有照相权力的普通人，男人、恋人、集体中活跃的人，照相馆里的、单位里掌管相机的、临时借来相机的人等。直到20世纪70年代后期开始，他们自身的身份形象才逐步被记录，被传播。

正是忙忙碌碌的照相的人，型塑这一时期形态各异且变化多端的大众影像文化。

那些忙忙碌碌的摄影师们的照相知识是如何获得的呢？

技术的掌握，多是口口相传、相互习得、师傅带徒弟的结果，这是经验层面上的知识与技能共识。无论是照相馆内的集体拍摄行为（包括灯光、背景道具布置，甚至服装安排、化妆等），还是家庭、个人及其单位员工，照相机的使用，包括后期的制作等环节毕竟是由个人在操作。个体的技能、技术水平，观念、理解力，特别是对于那些诸如构图、用光、审美、表现等约定俗成规范的运用，便有了既来自传统视觉知识的想象，又有当下烟火气再现的双重特征。

国人的日常照相行为，在本土既无多少视觉传统可以参照、模仿，更无西方经验可以借鉴。源自于上世纪二三十年代苏联时期的社会主义现实主义影像类型，高居殿堂，鄙夷地俯瞰人世间，与普通大众的影像实践行为距离甚远。而中国传统儒家思想所订立的三纲五常适逢遭到无情的批判，其规定的道德准则与伦理秩序自然也就无从谈起了。

在此，植根于心中的传统视觉经验及想象便发挥了作用。而这种经验与想象借助于照相机——这一陌生、异质而又奇特的西方现代性工具，面向世俗生活场景，经由万众参与，便创造出了颇为独特的"中国式照相"影像来。

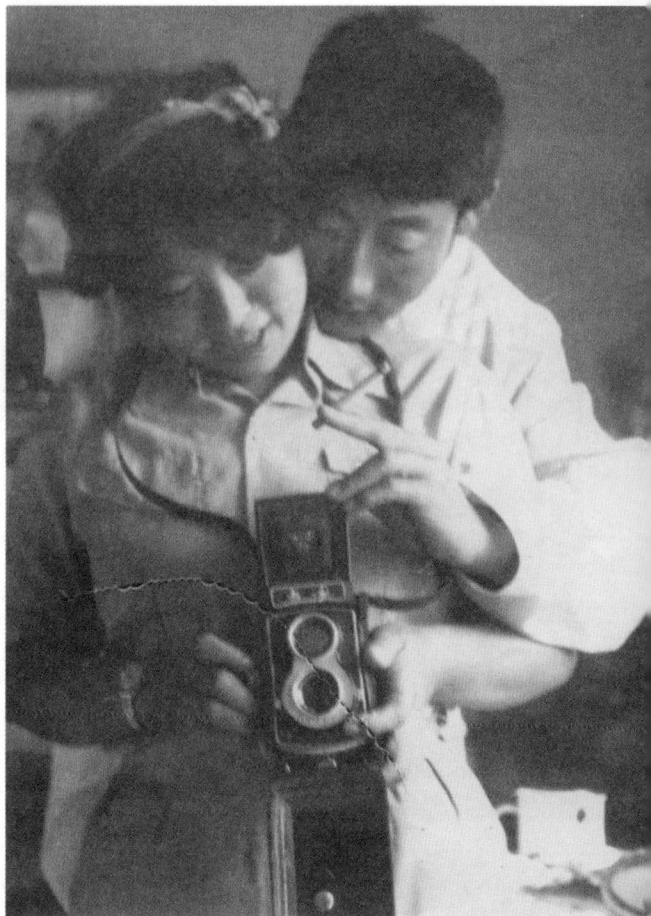

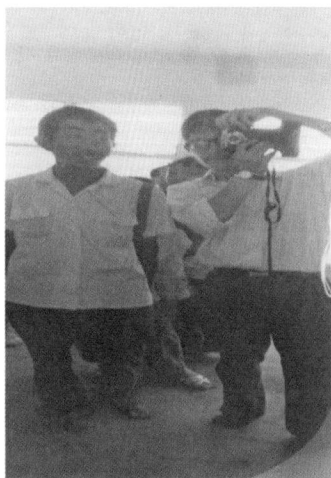

　　相声作品《如此照相》描述的是"大刮形式主义妖风的时候"照相馆里发生的一幕幕。作者是姜昆与李文华，他们在1979年创作并表演这一对口相声。作品以艺术化的手法，呈现出"文革"期间大众照相中的极端行为。这一文本成为研究这一时期日常生活照相文化的重要文本。

　　1981年年末，河南卢氏县党校一位教员给新华社写信，反映当地农村由于缺少适合中堂上贴的画屏、条幅，一些农民又贴起了"天地君亲师"等"迷信产品"。来信要求宣传部门多印制一些适合农民中堂上贴的画屏、条幅，以取代那些"封建迷信"的东西。

　　有关部门反应迅速，但年画创作有一定周期，一时半会儿难以拿出来。为适应市场需求，有关部门把目光停在了照片上，要求在春节期间，组织供应领袖像，供群众张贴。

第六章

# 照相语

脱离规制，呈现人性中自然、天真的一面，这是日常生活照相文化中的应有之义。这类影像也是日常生活影像生产中的常态化现象，一直存在。与上述努力型塑的时代的同志影像相较，此类影像体现了大众生活的庸常、放松的一面。

　　大众日常照相行为中，人性的常态，自在自为的真性情，非表演性生活样貌，爱、友谊，人们之间的放松、松弛的状态，符合日常价值伦理与社会公序良俗。与无处不在、占主导地位的宣传影像、表演拍照影像相较，这类影像的出现意味着照相机这一经由个体掌握的现代性工具，所体现的客观见证功能脱离了各种规制而成为随心所欲之物。

　　20世纪下半叶的最后一个阶段，大众的日常照相行为从单纯、实用、功利的目标，逐步开始向利用照相机这一工具进行表达的方向迈进。人们开始脱离先前的照相政治形态与商业形态及其规定的审美规则，敢于用照相机来拍摄自己认知的世界，人们也开始逐步认同这种方式。也就是说，国人日常生活中的照相语言逐步开始从被严格管理、规制，到一定程度的自主掌握状态。

整个1980年代，社会逐步开放，加紧现代化建设，加紧经济建设，迅速提高人们的物质文化生活水平，不只是政府发布的口号，更成为全民的共识；全方位地拥抱世界是普通中国人明确而坚定的目标——面向现代化、面向世界、面向未来。

## 30.
## 悄悄话

　　时代断裂的缝隙处，总是藏有过往与未来的隐秘信息，日常生活的影像世界更是如此。先前努力构建的规则解体以后，相应的价值观，云散长空灰满地。旧日的影像世界，伴随着生产技术的变革与物质材料的极大丰富，最终幻化成为新生活的前奏曲。

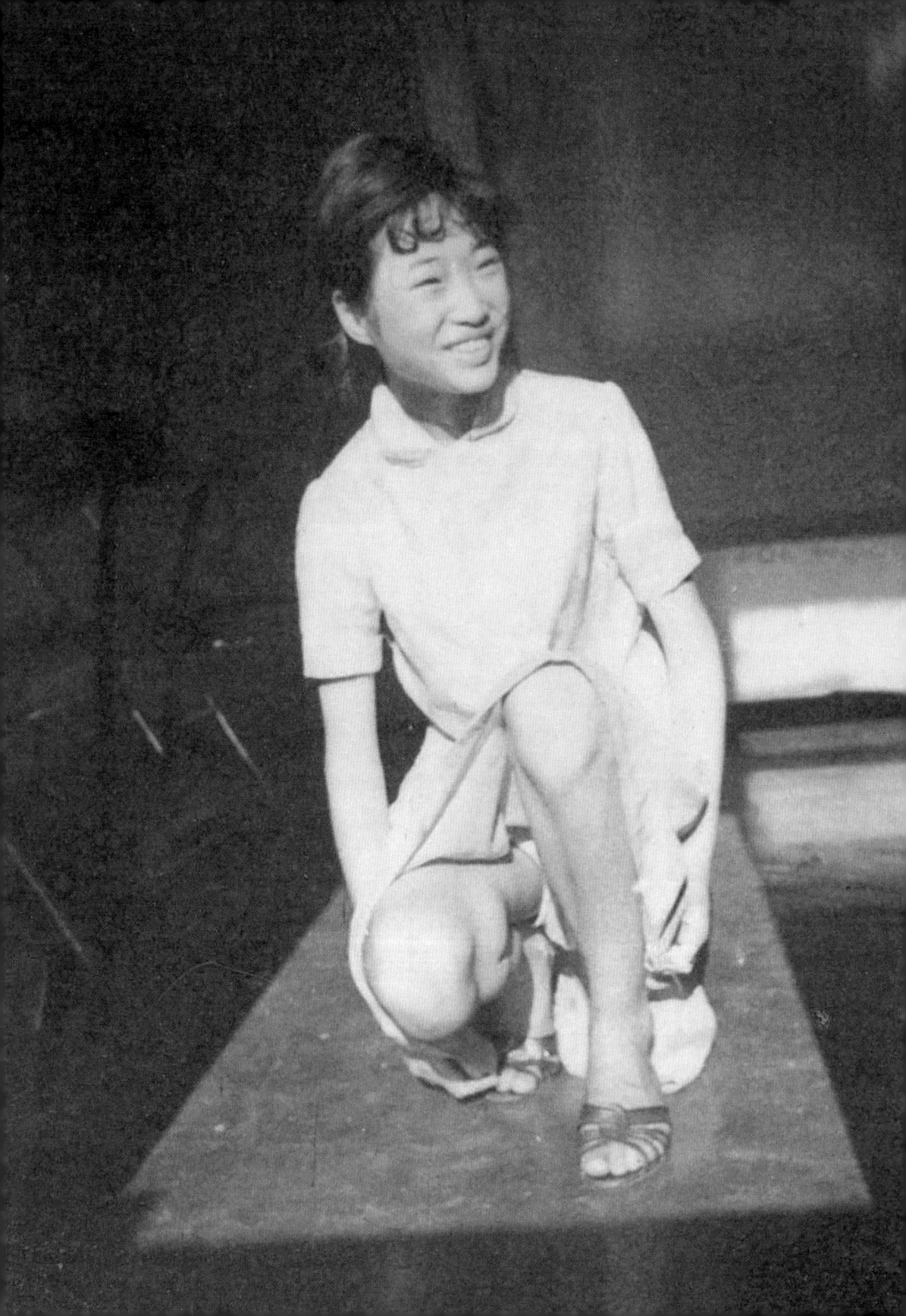

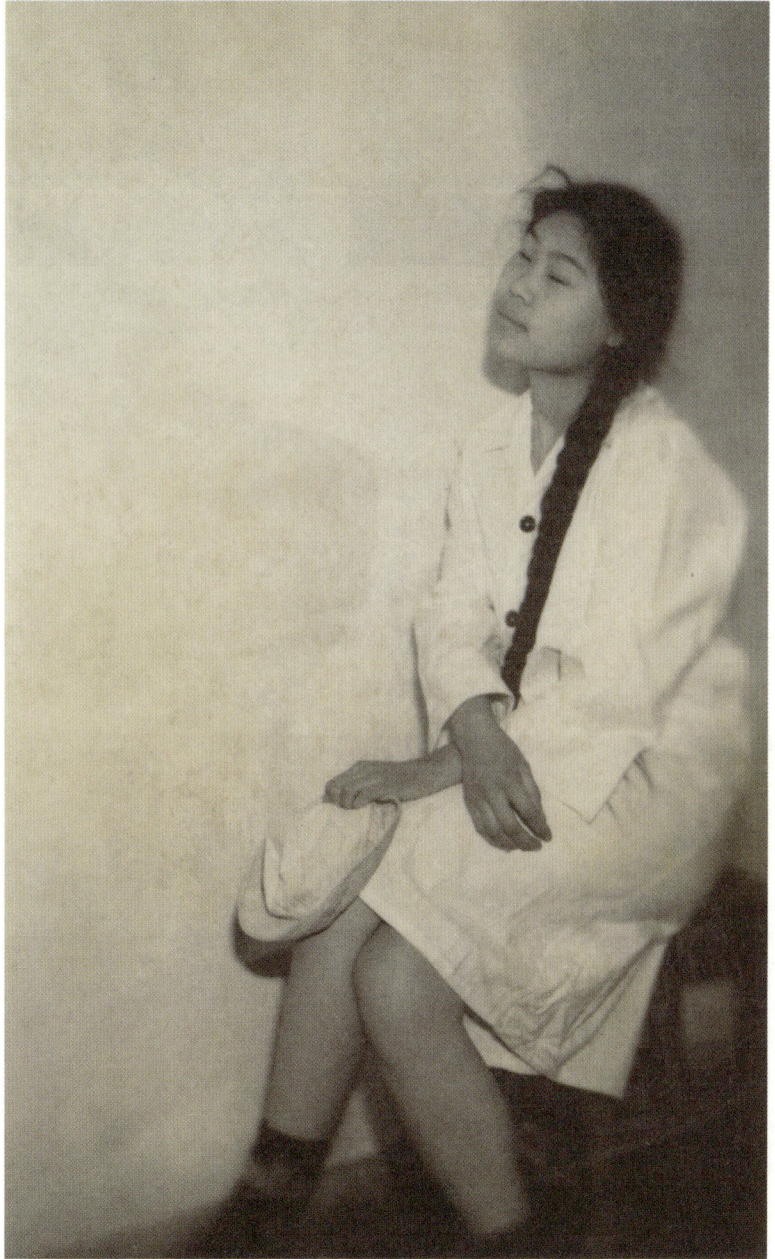

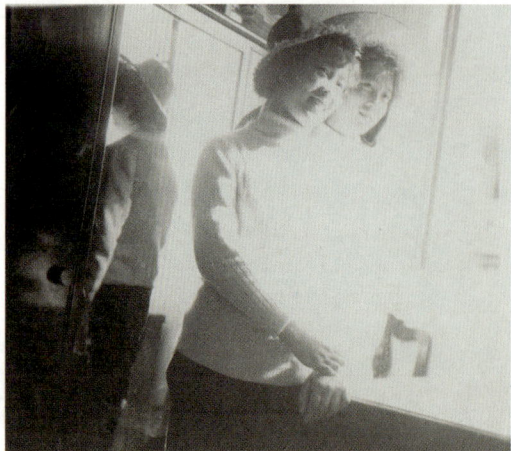

# 31

# 笑一笑

　　笑一笑，谁不愿意把自己欢喜、光辉的一面留下来呢？当人们为拍出一张满意的照片，刻意营造出欢乐、喜悦的气氛时，大多与这一氛围的稀缺相关。笑容，而不是愁容，日常生活照片的常态。

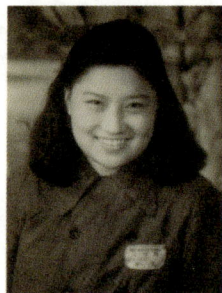

　　"茄子(qiezi)"的发音，使得面部呈现出笑的模样。这不是被拍摄者真的在笑，但拍出来的照片上，的确可以看到大家都在笑。拍摄集体照时，当众人高喊"茄子"时，既是摄影师与众人统一步调的号令，又是目标实现的瞬间。此时，整个照相行为中所有人的注意力高度集中统一。这样的手段简单有效。

　　游戏性！每当"茄子"落地时，众人都会迅速从这充满幽默感的集体表演中松弛下来，呈现出难得的放松一刻。只可惜，绝大部分摄影师也已经放弃了这一时刻，收摊子了。人们一起参与了一场游戏，彼此心领神会。

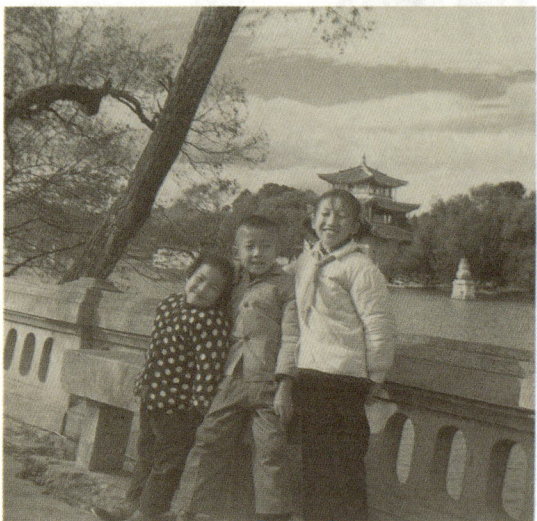

## 32.
# 坐与卧

　　站有站样，坐有坐相。后革命时代，"站如松、坐如钟"这样的口号喊得越来越少了，大众照相行为中紧绷着的身体也日益放松下来。几十年颠来倒去，先前有关身体的规制、仪轨、礼俗，此时也已经渐行渐远，或消失了。同时，新的照相体态语又在不知不觉中形成。

草地上，甚至马路上，照相的种种姿态，国人的发明创造颇为丰富奇特。这种现象出现于"文革"后期，大约持续二十年左右吧。后来，不知不觉间就消失了。

日常生活中，对"相"要求甚多。要是说一个人"吃相难看"，那就是大不敬了：社会地位低下，生活困窘，贪婪，缺乏教养，不懂社交礼仪，等等。

　　几十年，国人缺乏休闲条件。对大多数为生计奔波的人来说，靠山吃山靠水吃水，在自然中生存、索取，却视自然为敌。照相行为中，人与自然违和吗？

# 33

## 亲情

何须多言。人类的正常情感表达方式，照相文化中也没有什么例外。

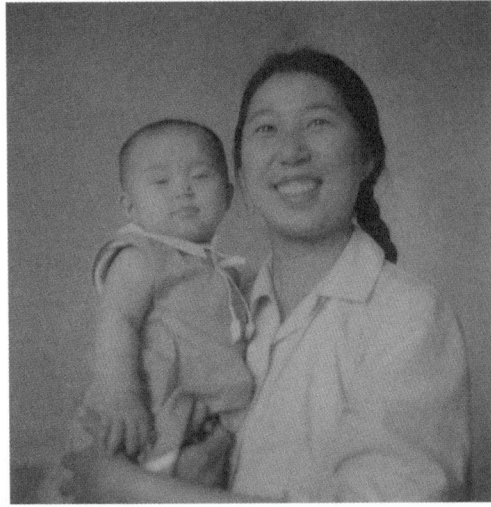

　　大众日常生活照片的内容包含着怎样的秩序——布迪厄声言的"理性顺序"？拥有它们就获得某种语意许可，新的阐释会成为可能吗？

　　1965 年，法国著名社会学家皮埃尔·布迪厄把家庭相册比作了"一个整洁或雅致的墓碑，以供定期瞻仰"。布迪厄以哀婉的笔调谈论着有关家庭相册与社会记忆关系问题："家庭相册展示的是真实的社会记忆。将过去的相片按照时间的顺序来排列，也就是社会记忆的'理性顺序'。它唤醒并传承的是对各种值得珍藏的事件的回忆。因为所有的人都将展现其过去的纪念看成是一个加强凝聚力的因素。可以这么说，如今，所有的人都可以确认其过去。"

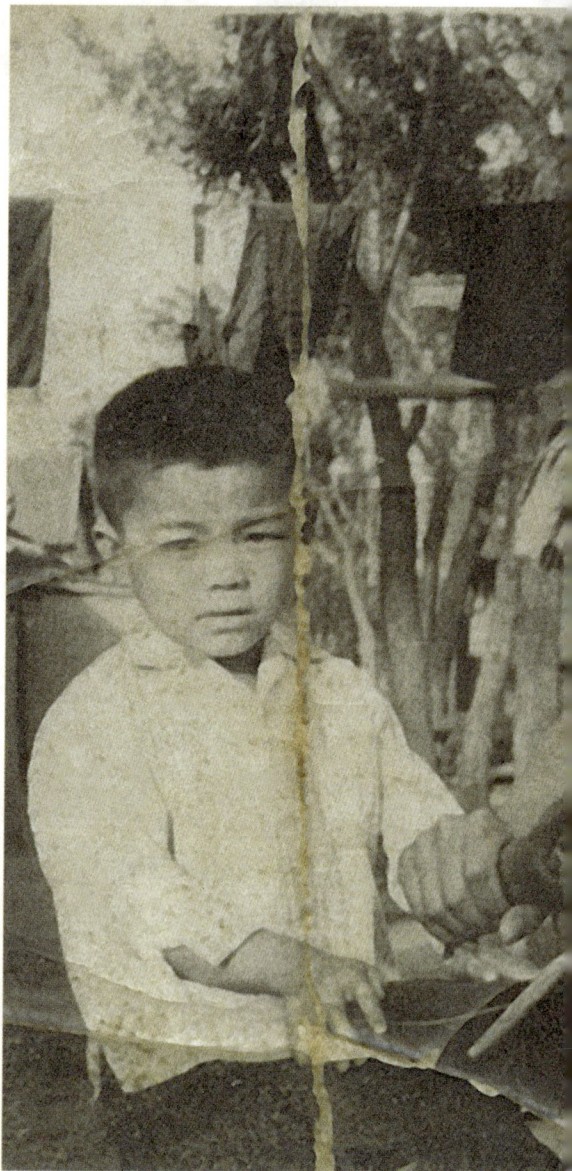

布迪厄把家庭相册比作"一个整洁或雅致的墓碑"，这句话，除了整洁、雅致外，还有外人难以道来的秩序——"理性秩序"，时代的规定性。而这一切往往带着莫名的愁容，一种对过往的感伤。精心打理的东西，那是对生与死的双重敬意。

　　家庭相片中包含着"共同的过去，即使是一个最不起眼的共同的过去"，为纪念，便"要为它们设立一个整洁或雅致的墓碑，以供定期瞻仰"。

　　布迪厄写道：家庭照片的拍摄和注视以停止所有审美判断为先决条件。因为客体的神圣性和摄影者与照片的神圣关系足以无条件地为自身辩护，说它只想赞美拍摄对象，并通过完美地履行这个功能来拍完美的照片。布迪厄所指的"注视"，应该是指照片主人的行为，而不是地摊上翻捡这些来路不明照片的闲散之人。特别是对于那些随时准备讨价还价、低价买进这些相片，打算回去把玩或装点门面的风雅人士来说，让他们抱有神圣之心，且"停止所有审美判断"，那不现实。

## 个性

  被拍摄者在多大程度上，可以体现出个人意志呢？他们被观看、被凝视、被拍摄，真的可以体现照相行为中的个人意志——自己期待中被拍摄下来的自我形象吗？

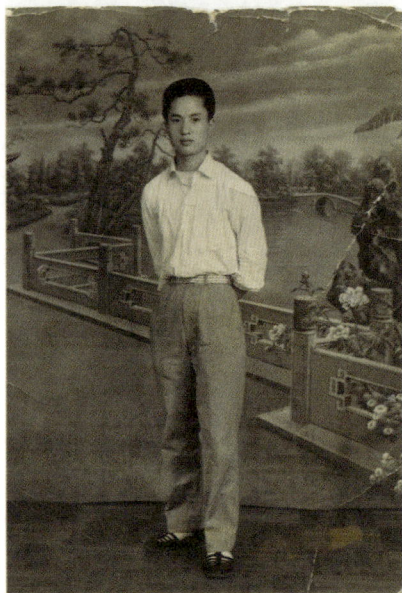

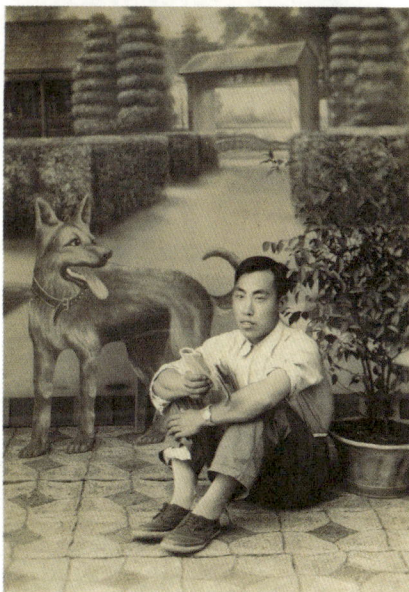

## 35.
## 旁观

照相行为发生时，一旁好奇的旁观者：老人、孩童，包括那些饱经世故的中年人。他们神情专注、不加掩饰地观察着眼前发生的这一切。这是特定历史时期的特殊影像文化现象，与稀缺相关。当日常照相行为发生时，作为旁观者，该有什么样得体的举止呢？这是影像文化形成过程中的重要议题。

　　1958年，法国摄影家布列松（Henri Cartier-Bresson）在中国时观察发现，中国人对待照相的认知及相关的影像文化观念，完全是自己经验之外的另一种情形。这让他一筹莫展。

1973 年，美国小说家、评论家苏珊·桑塔格在中国旅行。在官方安排的旅行线路上，她敏锐地观察到，除了大批量生产的领袖、革命文艺作品和文化瑰宝摄影图像外，还可以经常见到"一类私人照片"——挂在墙上，贴在梳妆台，或者压在办公桌玻璃板下的亲人照片。接待方没有安排她随意走入普通中国家庭去交谈并翻阅那些丝绸锦缎包裹的家庭相册。不然，她会详细地列举自己的所见所闻。

这些家庭聚会相片，或旅行快照，在苏珊·桑塔格看来，是处于影像文化第一阶段的人典型的视觉趣味：没有一张是抓拍的照片，全部摆拍而成。她从文化上寻找根源，认为这或许部分因为某种关于举止和形象得体的古老习俗所造成的。显然，她看到了儒家文化传统对中国人行为特征，包括摄影术传入以后对国民照相姿态的影响。但她没有提及现实因素对日常生活形态的规制。而这二者的奇妙联姻，恰恰构成了这一阶段中国人拍照姿势的典型特征。无论是官方，还是民间影像，形象没有分层，所有的形象都彼此强化和重复。

在 1977 年写下的文字中，苏珊·桑塔格称，在中国，照相永远是一种仪式，总是需要摆姿势，并一定要得到别人许可。苏珊·桑塔格写下这些文字时，手头那份中国批判安东尼奥尼的 18 页英文小册子，为她考察中国人的影像观念提供了难得的文本。她敏锐地看到了彼时的中国，一切形式的表达，包括形象，都被加上并非强迫的限制。摄影的用途也被限定。

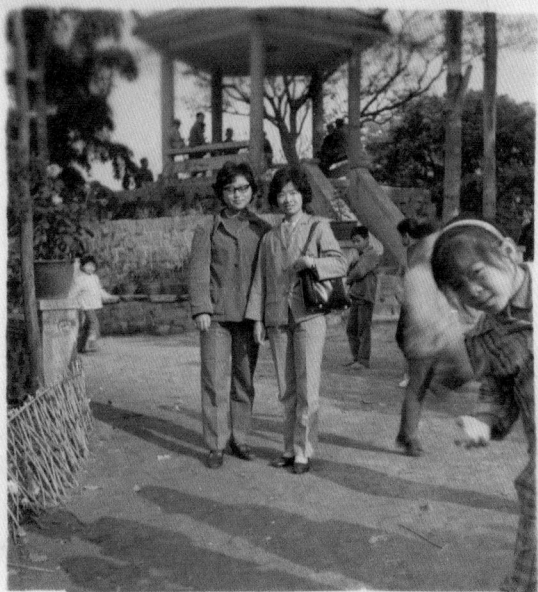

漳州中山公园留念 1981.

中国怎么样？

1974年4月，法国《太凯尔》杂志代表团一行5人来到中国，在北京、上海、南京、西安游历了三个星期。法国作家、社会学家、文学评论家罗兰·巴特就在其中，可他是最无情无趣的一个，中国并不缺少符号，但他没有阅读的欲望。

穿上中国服装的法国人提出问题，人们按照标准答案回答着。巴特很快厌倦了这种游戏，离开人群，待在旅馆里，或干脆坐在旅行车上。在西安，他拒绝了兵马俑与温泉。他回国后在《世界报》上发表了一篇文章，名为《中国怎么样》：绿茶淡而无味、中国没有色彩、中国很平静、中国缺乏诗意；民众来来往往，劳动、喝茶或独自做操，没有戏剧，没有噪音，没有矫揉造作，没有歇斯底里。

彼时的中国之于巴特，无情无趣；巴特之于中国，则是损失。他没能为我们留下苏珊·桑塔格那些对中国问题进行思索的文字，更没有对无所不在的中国特色图像发表他作为一个结构主义者、符号学专家的意见。如果他能以中国为背景写下一本类似其《符号帝国》或《明室》的著作，那对今日中国的影像研究来说，该是何等宝贵的财富啊！

　　1979 年 2 月 19 日，中共中央、国务院发出通知，同意外交部《关于肃清"四人帮"在批判〈中国〉影片问题上的流毒、拨乱反正的请示》，并作出《关于外国人在中国摄影问题的规定》，其中包括外国人在非禁区的摄影问题，一般应根据"不允许外国人摄影就不要安排外国人参观，允许外国人参观就允许外国人摄影"的原则执行。

1960 年年初，轻工业部轻工业局副局长马波生发文，记述 1949 年以来照相机工业发展状况。

照相机工业是新中国成立以后三四年间建立起来的，到 1960 年已由当初的两家工厂发展到十多家工厂，不但可以大量供应国内需求，且有部分出口。普及品有天津的"幸福"牌 1 型、2 型，上海的"孔雀"牌，重庆的"长江"牌，杭州的"西湖"牌；中级品有北京的"天坛"牌，上海的"上海"牌 58-1 型、58-2 型，南京的"紫金山"牌等。1959 年，各厂还集中力量在天津试制成功"晨光"牌高级照相机。

时值三年困难时期，但中国照相机业的决心很大。马副局长披露，全国各种照相机镜头的相对孔径、星点测量鉴别率、快门速度、使用寿命、外观等方面均制定了相当于外国照相机同类产品的标准。

1960 年年初，轻工业部轻工业局副局长杜元岭发文，记述 1949 年以来感光材料工业发展状况。

感光材料从无到有，已建立了初步的基础。到 1959 年年底，已有上海、汕头、天津、保定等共 10 家生产单位能够生产胶卷、胶片、黑白电影正负胶片以及工业和科学研究等方面需要的感光材料。1959 年，相纸及照相胶片的产量已基本可以满足国内需要，照相胶卷也已满足国内需求的 40%。

依照计划，现代化的感光材料工业将陆续在保定、天津、上海、汕头、无锡、厦门等地建设起来。杜副局长憧憬：从 1960 年开始，全国人民就能看到用国产胶片拍摄的电影，市场上将大量出现国产的各种相机、胶卷、印相纸和放大纸。随着人民生活水平的逐步提高和照相机工业的发展，许多人出门旅行都要背上个照相机！

## 36.
## 影子

对于照片这样的视觉文本来说，看似确切的记忆信息，实则最为飘忽不定，且易于消散。当记忆无存，唯有审美，抑或商业价值，才是这些佚名照得以继续存在的理由吗？这是日常生活照片的宿命。

1980 年，词作家张枚同在《词刊》杂志第三期发表了《光荣的 80 年代新一辈》。作曲家谷建芬以彝族地区歌舞音乐为基础进行谱曲，同时把歌曲的名字改成了"年轻的朋友来相会"。单纯、奋进、目标明确、相信未来，这是 1980 年代另一种气质。

> 年轻的朋友们，今天来相会，
> 荡起小船儿，暖风轻轻吹，
> 花儿香，鸟儿鸣，春光惹人醉，
> 欢歌笑语绕着彩云飞。
>
> 啊，亲爱的朋友们，
> 美妙的春光属于谁？
> 属于我，属于你，
> 属于我们八十年代的新一辈！
> ……

日渐被大众掌握、躁动的照相机，茫然地注视着这一切。这也预示着，一个丰富而多元的影像文化形态，将在这一时期诞生。

1985 年，努力建设和发展民族艺术。意识形态与日常生活之间，虽延续了合拍一致的特征，但其间的差距也越来越大。相较于宣传照片，日常生活照片能体现这一点吗？

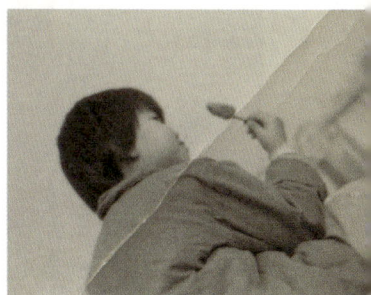

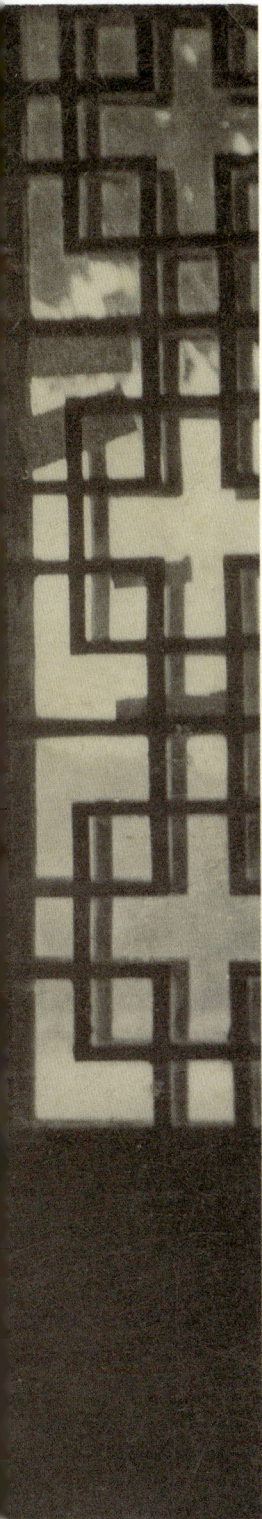

# 分离

　　无论是影像建构起来的世界，还是作为主体的个人或群体，其建构之时，便是遭逢解构的倒计时。当塑造这些影像的主流价值体系失效时，这些影像便由新变为旧。

　　无论是被拥有者或继承人遗弃的佚名照，还是这些照片本身被切割、被撕毁、被付之一炬的命运，无不宣告了20世纪下半叶日常生活中诸多影像类型的式微或终结。

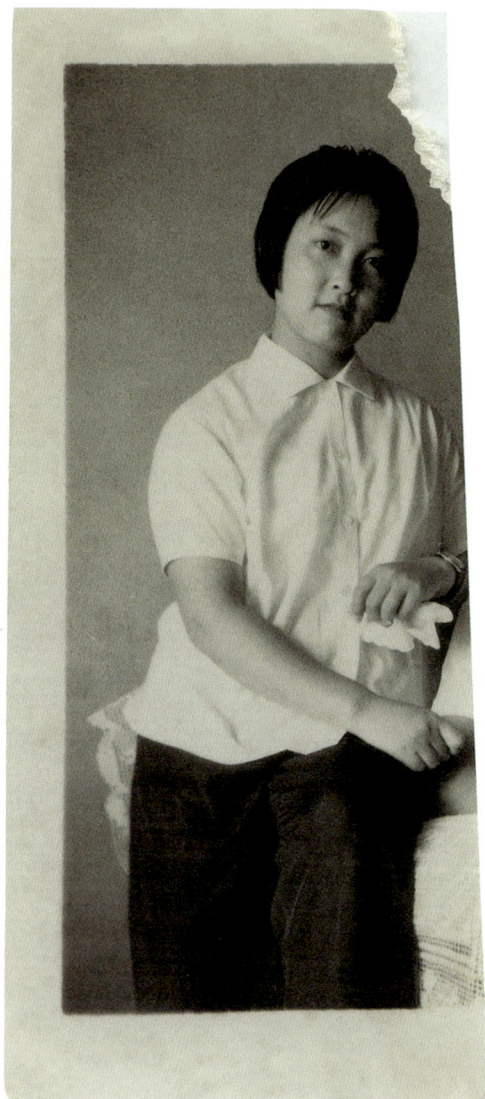

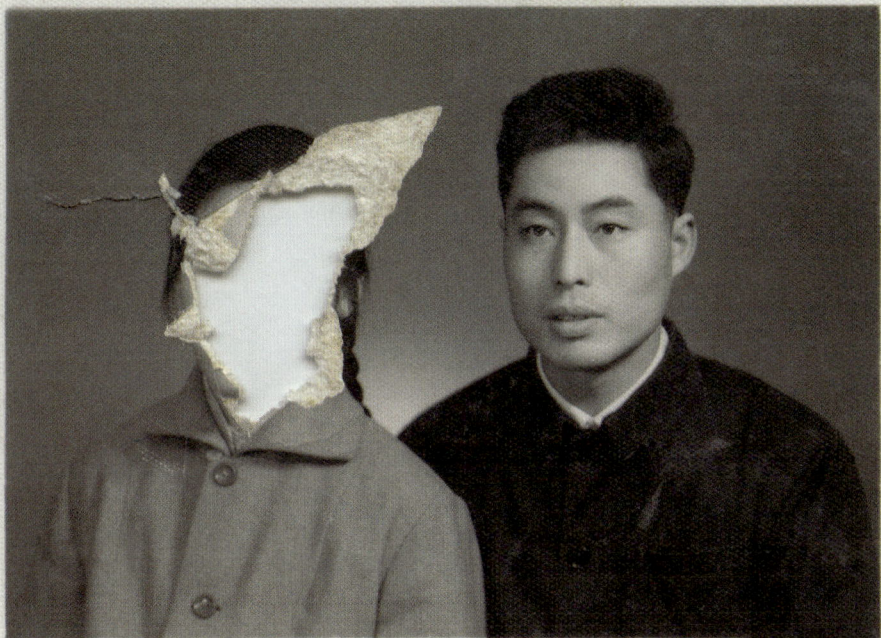

天津 红岩 1971

时间进入 21 世纪。

我们生活在一个几乎所有人都急于掩埋自己历史的年
代。不堪回首的痛楚，那是获得基本生存权利者的累赘。传
统的家庭不可避免地分化了，传统的家庭伦理秩序让位于
利益分配格局。最终的守护人，再也无力祭出早已解体的家
法。家庭相册，开始了在废品收购站、纸浆厂，幸运的是旧
货市场、把玩者之间漂泊的旅程。

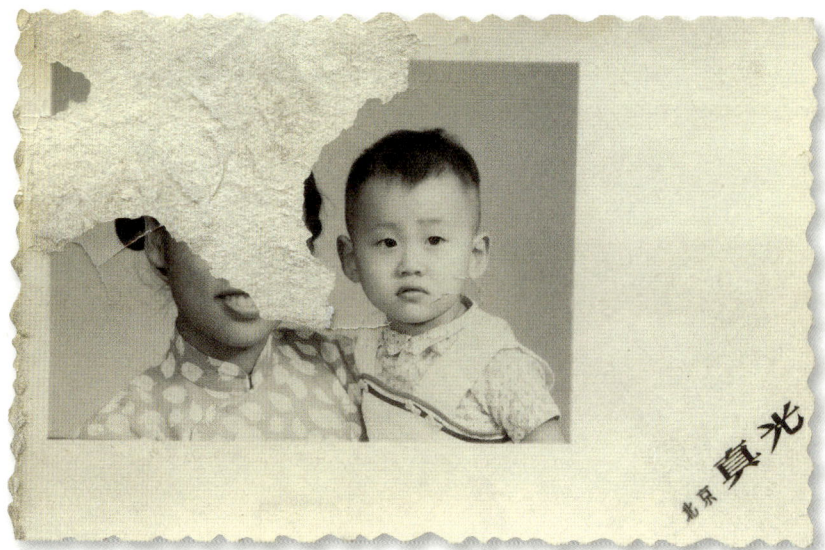

　　烧毁、剪掉，或者撕掉背信弃义恋人的相片，这是个令人心碎的仪式，并且多为一个人在私密空间举行的仪式。通常，这达不到羞辱和诅咒对方的目的，反而让自己愈加苦楚。

　　为什么不公开举行这样的仪式呢？因为这行为直接否定的是先前的判断。特别是这判断遭遇过来自亲人的阻力反对时，这个仪式会更私密。

　　往日里深情凝视的这枚小照，独一无二的爱情信物，现在却变成了受骗的证据，还有比这更让人心碎的吗？烧毁，或者撕掉背信弃义恋人的相片，意味着要漂白自己的过去、敉平自己的伤痛。特别是准备重新恋爱的年轻人的个人相册，其中被扯掉相片留下的浆糊粘贴痕迹，总是让新欢产生无限想象。这想象的味道，大多既酸且涩。照片主人的感受，又何曾两样呢！

　　撕毁一张恋人小照，有时还真是个力气活。第一下，撕两半，只要下决心就可以，不用很大的力气。但越往后，手中的抓头越小，撕起来就会愈加困难。特别是原本完整的形象支离破碎，每个部分都不可理喻地表达自己的时候，接下来的事儿就更难办了。撕照开始时的忧伤一定转化为了愤闷的叫喊。那些碎片有多少扔进了废纸篓里？不知视觉人类学（Visual Anthropology）课堂上，是否讨论过某一时段，这一人类青春期重要行为现象，不同族群之间是否会有差异？

一个人可以在多大程度上把握自己的视觉形象呢？

1931年11月19日，徐志摩坠机身亡。遗体停放在济南南部党家庄一处庙里。友人寻来时，看到这位现代派诗人已经被换上了中式长袍马褂、圆口布鞋，与其日常行止、装扮殊异，颇为惊诧。这还是那西装革履、风流倜傥的年轻诗人吗？他被装在了传统的框子里，定格了。

新文化运动中，这中式长袍马褂，这绫罗绸缎，一度又是腐朽的代名词。革命者倡导的新装扮，中山装、列宁装、荆钗布裙，成了新的时尚。西装革履——资产阶级生活方式，长袍马褂——封建把头的形象，这些都被后来者扫进了历史的垃圾堆。

　　流落街市的家庭相片，如果不再成为陌生客户的审美对象，恐怕就会一文不值了。往日情愫终落得香消玉殒、梦断红尘。会有人徘徊其间，追问它们的前世今生，发出声声叹息吗？

　　1986 年，爱德华·W. 萨义德（Edward W. Said）为瑞士摄影师吉恩·莫尔 (Jean Mohr) 自中东拍摄的巴勒斯坦人照片撰写文字：照片、衣物、与原先场所分离出来的物品，以及说话和风俗习惯被大量复制、放大、主题化、添油加醋，并且广为传播。他们缠丝结网，被我们巴勒斯坦人用来维系自己和本民族的身份，联系彼此。

　　但萨义德又感慨：有时，这些带着沉重回忆的物品——照相簿、祈祷的念珠、头巾、小盒子似乎是些累赘，它们不可避免地会随风而逝。这些关于过去的纪念品在我们当中已经无可挽回地不再流传，就像是流浪歌手吟唱的家谱和神话一样。身份——我们是谁，我们从哪里来，我们是什么？很难在流散中继续维持。萨义德的追问，不也是我们，包括读者诸君面对这些地摊上的廉价照片所思索的问题吗？

　　该停下来仔细打量这些照片了，而不是再次追问"为什么？"

　　1941 年，路德维希·维特根斯坦 (Ludwig Wittgenstein) 写道：不停地问"为什么"的人，就像站在一栋建筑物前读导游手册的游客一样，忙于阅读这个房子的建筑历史，以至于妨碍了他们看见这栋建筑。这句话中"看见"一词，被加粗。哲学家强调了视觉的重要性。除了那些相册的主人，谁又反复地打量——"看见"过这些相册及其中的相片。探究历史的冲动，或许正是忽略眼下这些可视之物的开始。而眼下读者诸君看见的这些浅显直白的文字，会不会也充当了愚蠢的导游手册呢。

# 后记一：照相的度过

晋永权

自摄影术传入中国至今，照相——无论是坐拥固定空间、设施、工具、人手的照相馆程式化拍照，还是散漫淡然、东瞅瞅西瞧瞧，猎奇寻欢到此一游式留影——传达的文化道德面貌，包括品味旨趣、体态情状、秩序状态，甚至期许诉求、价值观念、社会心理等等，虽有年代变迁、地域变化带来的些微差异，但总体来说，具有相对稳定的特征。

鸦片战争以后，西方的坚船利炮打开了古老中华帝国的大门，带来三千年未有之变局。这一次，让社会精英惊骇的是，在那些强大的军事力量背后，还有一套国人陌生的制度和文化形态。而照相机作为集西方工业文明、制度文明成果为一体的现代性工具，正是在这一背景下出现在中国大地上的。1860年11月2日，由西方第一位入华摄影记者费利斯·比托（Felice Beato）拍摄的恭亲王奕䜣肖像，当为近代国族运势的视觉隐喻——帝国的黄昏、王权的衰落、个体的茫然，无不呈现于此。依持照相机，西方开始了对中国的强制观看。

这一路径，自沿海、沿江、沿疆，而内陆；自南向北，自东向西；自商业阶层、市民阶层、文化阶层，而皇宫贵胄、革命分子，再到政党政治、社会批判、个人表达等。可以说，一部中国摄影史，在很长时间、很大程度上，就是一部照相史。

国人接受摄影术，自实用性的商业照相始，澳门、香港、广州、福州、上海等地的商业阶层首先接纳了这一可以致用——谋取利益的工具。固然，要得到消费者，即普通市民阶层的广泛认可，其间还有诸多障碍，但商业诉求迅速主导了照相消费文化的型塑，市民们残存的惊惧心、神秘感，很快就被好奇心及便捷快速获取方式及照相美学新潮流取代了。这使得照相术在市民占主体的城市社会中获得了极大的普及。

但，照相术真正的被统治阶层、政治人物、上流阶层所接受，还要拜慈禧照相这一20世纪初中国、乃至世界照相史上规模巨大的照相行为。可以想象，巨幅照片被精心着色，在荣宝斋安装上金丝楠木框，各行省、直隶官员来到紫禁城迎请"圣相"的情形：当迎驾仪式结束，被高高供奉的"圣相"前，依照级别高低跪着的大员们抬头一睹圣容时，会带来何等的心理震撼啊！而先前，他们中的绝大多数人，要么无缘被召见，被召见的大抵也是始终低头捣蒜，无缘一睹圣颜。

这些照相史上的珍贵材料，要感谢清宫史官们的详细记述，多存于内务府档案《圣容账》中。自然，自摄影之乡法国学成，并带回器材给慈禧照相的摄影师勋龄，当是中国照相师傅中最有里子，也该是最有面子的人物。

上有所好，下必甚焉，这句老话再次在照相历史上得以印证。"老佛爷"亲力亲为之后，照相术才真正为王公贵族、士绅名流，及民间社会所认可。慈禧所倡导的照相文化被后人模仿，特别是那些带头革了大清王朝命的人——他们大量印制代表自己庄严、正气、具有新派革命者形象的相片，广为散发，进行鼓动宣传。至于早期报馆所需——姑且称之为"新闻照片"的那些相片，则是直接委托照相馆安排照相师傅们拍摄并冲印。与之相比，那些文化精英们由于深染传统，或固守道统，在看待、接受照相机这一西方工具方面，却迟缓得多，直到20世纪二三十年代，才渐入他们法眼。很长一段时间内，他们把照相机当成另一种类型的毛笔，作为美化人生、陶冶情操的工具。许多人，特别是对照相的见证功能，不甚了解，亦无兴趣，更不要说对于其作为民主手段，与政治、社会生活相互关系等诸问题的理解把握了。

日本侵略者的入侵，打断了原本的照相文化演变进程。此时，一手提着枪一手提着照相机的爱国主义者、抵抗战士、革命者一起汇入宏大的历史潮流，完成保存中华民族根脉，救亡图存的使命去了。

值得关注的是，在沦陷区上海，照相馆的生意并未完全中断，甚至还一度出现照相馆激增，并陷于无序竞争的局面。此间，作家张爱玲对照相文化现代性的认知，代表了一个非凡的高度。她对世俗社会生活中国人之于照相的心理、状态、类型与阐释，及对其仓促、易变、临时而又永恒等现代性特征的体悟，无不鞭辟入里。这是目前中国影像文化认知过程中被忽视的、分量甚重的一笔遗产。

为大众广泛认同，或者说已经型塑完成的照相文化心理，一旦被充分把握、利用，就会产生强大的力量，形成各种名目的影像话语形态，并从原先私人空间的形态，转而成为在公共媒介、公共空间展现的影像模式。集中体现在宣传摄影上，那就是照相馆式的宣传图式、样态。这种影像文化无论在内容还是形式上，都具有典型的特质，反过来又会影响个体照相行为。

1958年，布列松来到中国时，人们总是把他这个抓拍大师当成照相师傅来对待，因而殷勤地向他展示自己的劳动成就和美好而幸福的生活场景。而当他面对群体时，看到的大多又是组织与摆布后的场面。布列松意识到，东方传统的礼仪之邦所遵循的待客之道以及仪式中，还缺少现代影像文化生成过程中那些约定俗成的基本程式。这让他一筹莫展。

1973年，苏珊·桑塔格来中国后发现，中国的照片很少是抓拍的。她从文化上寻找根源，认为"这或许部分因为某种关于举止和形象得体的古老习俗所造成的"，但她没有提及现实政治因素对人们日常行为举止的型塑、规制。而这二者的奇妙联姻，恰恰构成了很长一个时期中国人拍照姿势的典型特征。

改革开放以后思想解放，社会流动加速，居住空间更改频繁，使得大量照相馆拍摄的照片，包括大量籍籍无名的大众日常影像得以进入了公众视野，成为可以交换的物品。今日学界如果还有谁对照相馆相片，以及那些野外随手拍摄的纪念照片充满不屑，并斥之为"机械的照相""不过就是张旅游纪念呆照"，认为没有什么价值，或者仅仅以"一图胜千言"之类的话大而化之地敷衍一下，那他是彻彻底底地落伍了。新史学早已把这些材料作为研究家庭史、社会史、文化史和所谓宏大叙事的重要印证材料。许多旧照片，甚至残缺不全、破烂不堪的大路货也被赋予了新的意义——实证的，或审美的。运用这种材料进行历史研究的序幕也已拉开，前景广阔。

不只是城市市民家庭的影像得到重视，社会科学知识的普及，使得先前没有进行的影像田野调查正逢其时，深描、浅述皆成气象。包括先前一直被忽略的乡村影像，也得到了研究者的关注。照相师傅是塑造乡村影像文化形态——包括美学趣味、照相体态、景观想象的主体。特定历史时期内，大量的乡村人，包括县城人的视觉形象正是经由他们来塑造的。特别是在城镇化浪潮无可避免的背景下，那份依凭影像存留的乡村记忆更加珍贵。多年来，这些影像只在民间流传，自生自灭，难以进入官方叙事渠道，也不被大多数的拥有者认知、珍视。与那些宣传照片相较，它们不入流，拍摄者本人往往也自惭形秽，觉得技不如人。大量文本也让观察者看到，这些从事商业服务行业的照相师傅们努力模仿宣传照片的痕迹。但总体说来，这些影像还是形成了自己的特质，并且随着时间的推移，这一特质不只在美学意义上，更在文献意义上成为考察这一时期本地区乡村、城镇文化重要而直观的文本。

至于照相文化的艺术价值，以影像为材料或手段的艺术家从中汲取养料的努力一直没有停止过，并且逐渐由单一的老照片呈现，转化为多媒体多材料的混搭跨界形态，成为当代艺术创作的重要矿源。这已经是题外话了。

写于2015年8月

改于2018年8月、2019年7月

# 后记二：漫长的旅程

晋永权

　　这本书，断断续续，做了大概有二十年吧。

　　一场梦。梦到了一本书，关于照片的，很多照片，还有不少文字。可是那些照片我一张也没有见过，看似熟悉，却很陌生；关于照片的说辞，也很陌生，最关键的是对书中的那套话语逻辑也很陌生。

　　这对于自信心是个不小的打击，甚而产生一丝忧虑。我以虔诚之心亲近过如此众多的所谓经典名作，激烈地讨论过同样多的新人新作、热图热词，也严厉指责过众多的影像垃圾与胡言乱语，可是这个梦还是让我产生了一丝恐惧：在目力所及、心力所达之处，同样还有一个巨大的存在，她冷冷地站立在晦暗不明处，不动声色。那么近又那么远！

　　十年前，也就是2009年，我出了《红旗照相馆：1956—1959年的中国摄影争辩》。这是一本探讨有关新闻（宣传）摄影主流话语如何形成的书。这本书告一段落后，原本打算过一段无所事事的日子，可那个梦不但没有消失，反而愈加凸现。于是，像先前的所作所为一样，自己另一场漫长的旅程开始了：一个人，慢慢地、自由自在地走，走到哪儿，不知道。至于这期间看到了什么，想到了什么，眼下这本书不知能不能有所交代。

　　近几年来，渐渐产生这样的想法：《佚名照》这本书不就是十年前那本《红旗照相馆：1956—1959年的中国摄影争辩》的姊妹篇吗？探讨的话题不同，却又相关，对照阅读更可体会彼此纠葛怨怼的内在逻辑。对理解20世纪下半叶这一历史时期，摄影（照相）之于国人社会、政治生活乃至文化心理的形成，或会提供一定的帮助。

本书成书过程中，我先后在中国美术学院及中山大学讲述过部分内容，与同道的交流，促使我更加严谨、更加勤奋地进行这项工作。西子湖畔中国美术学院校园内，与海内外视觉文化学者三天的闭门交流会议，第一天上午全部给了我，让我进行系统的阐述；广州大学城中山大学连续三年的视觉年会，主持人更是允许我就同一话题反复表述。2019年4月，中国美术学院美术馆《摄影术传入至今的中国摄影书写》（暨中国美术学院美术馆摄影部成立特展），与9月岭南画派纪念馆《摄影术传入至今的中国摄影书写》展览中，这本书的部分章节作为其中版块参加展出。2019年5月上旬，在复旦大学"图与史：20世纪中国的历史与图像及视觉文化研究"学术研讨会上，按照会议安排，就本书议题作个系统发言交流，会上会下，良师益友，颇多心得感悟。凡此种种，皆成为我一个个周末、节假日面壁独处的精神动力。而眼下，往事都已经成为美好而温暖的记忆。王吉胜、杨小彦、杨浪、李公明、潘平、赵迎新、高初、顾伊、门晓燕、王新妹、王勇、大胡、高腾、苏立锁等，都给了我多方面的支持与鼓励。还有诸多人士，在此略过。

2018年年初，在浙江嘉兴影上书房，出版家汪家明见到提纲，便给予鼓励，并初步提出出版计划。他谙熟于书中的图片，本身也是日常照片传播的研究者、开拓者，著名出版品牌《老照片》的提出者、创办者。之后一年多来，反复交流，我也加快了工作步伐。汪老师对此书投入的热情与精力，及其作为出版家的专业精神，让我深为感动，并受益良多。感谢责任编辑左微微——"中国摄影金像奖图片编辑奖"获得者严谨而又专业的工作。对图书的编者及作者来说，比起聪明甚至才气，耐心与毅力永远都是最为珍贵的品质。感谢本书设计陈小娟，还有先前做过大量基础工作的刘佳，这本书也是她们辛勤努力的成果。

对翻译家、学者张炜、门晓燕夫妇在英文翻译方面专业而又严谨的工作，一并深表谢意。

当然，更要感谢我的家人多年以来给予我的宽容。特别是在假日、周末，他们忙于家务的时候，我却独自心安理得地心无旁骛，面对眼下的这一切，就如敲下这些文字的这一刻。我的孩子再次对本书包括封面设计在内的诸多问题，提出重要意见与建议，上小学开始，就做过同样的事情，只是现在有了更多的质疑与批评。

岁月倥偬，白云苍狗。编著者筚路蓝缕，青灯黄卷，甘苦自知。后期图书出版过程中，参与的师友越来越多。大家一并关注、讨论书中涉及话题，清茶一杯，良辰、美景、赏心、乐事。至此，愈发觉得这是一项社会工作，自己力所能及之处，不过是为同道同好收集整理一些资料而已，对于有志于此的年轻人来说，提供一个出发点。想到这些，愈发明确"给不了观点就给材料"的初衷，并以此自勉，而不敢敷衍懈怠。

本书付梓之际，正值冠状病毒肆虐，闭门改稿，心忧天下，"个体记忆""集体记忆"这样的表述时常萦绕心头。同样，"佚名"一词也是反复出现，日渐增加沉沉的分量。惟愿天地仁心，万物春光，助益读者诸君！

2020年2月25日 北京

# 参考文献

## 一、主要参考书目

1. 孙俍工编，《中国文艺词典》，上海：民智书局，1931年，上海书店复印版本，1985年

2. 《新名词词典》，上海：春明出版社，1953年

3. 《新知识词典》，上海：新知识出版社，1958年

4. 《文艺词语解释》，上海：华东师范大学中文系编辑印制，1974年

5. 韩明安主编，《新词语大词典》，哈尔滨：黑龙江人民出版社，1992年

6. 寿孝鹤、李雄藩、孙庶玉主编，《中国人民共和国资料手册（1949—1985）》，北京：社会科学文献出版社，1986年

7. 廖盖隆主编，《新中国编年史（1949—1989）》，北京：人民出版社，1989年

8. 马齐彬、陈文斌、林蕴晖、丛进、王年一、张天荣、卜伟华主编，《中国共产党执政四十年（1949—1989）》（增订本），北京：中央党史出版社，1991年

9. 《三十年来阶级和阶级斗争论文选集（1949—1979）》（第一集、第二集〈上册、下册、附册〉、第三集〈上册、下册〉），中国社会科学院哲学研究所图书资料室

10. 《美学问题讨论集》（第一集至第六集），文艺报编辑部编，北京：作家出版社，1957年

11. 《关于时代精神问题的讨论资料汇编1—6》，南京：江苏省文联办公室编印，1964年

12. 任大星，《先进生产者的故事——万里东风红旗飘》，上海：少年儿童出版社，1959年12月

13. 《上海十年文学选集诗选（1949—1959）》，上海：上海文艺出版社，1960年

14. 《散文特写选1949—1979》，中国社会科学院文学研究所当代文学研究室编，北京：人民文学出版社，1979年1月

15. 《出版工作文件选编（1949—1957）》，文化部出版事业管理局办公室编印，1982年3月

16. 《出版工作文件选编（1958—1961）》，文化部出版事业管理局办公室编印（编印日期未标注）

17. 《出版工作文件选编（1962—1966年5月）》，文化部出版事业管理局办公室编印，1983年10月

18. 《出版工作文件选编（1967年10月—1980年12月）》，文化部出版事业管理局办公室编印，1981年1月

19. 《出版工作文件选编（1981—1983年12月）》，文化部出版事业管理局办公室编印，1984年9月

20. 《中华人民共和国现行文化行政法规汇编（1949—1985）》（上、下），文化部政策研究室、办公厅编，北京：文物出版社，1988年

21. 《饮食服务文件汇编（一九五六年六月至一九八三年七月）》（内部文件），商业部饮食服务局编，1983年

22. 《商业红旗》（上、中、下），中华人民共和国商业部编，北京：人民出版社，1959年

23. 《私营商业社会主义改造文件选编（上、下）》（1948年2月—1981年11月），商业部商管局编，北京：中国商业出版社，1982年7月

24. 《商业组织与管理文件汇编》（上、中、下），商业部商管司主编，1983年6月

25. 《商业政策法规汇编（1949—1984）》（上、下），商业部办公厅编，内部发行，北京：中国商业出版社，1987年

26. 《商业教育史料》（第一集至第六集），商业部教育司编，1990年8月

27. 《上海饮食服务业志》，编纂委员会编，2006年5月

28. 《上海文化艺术志》，编纂委员会编，上海：上海社会科学院出版社，2001年12月

29. 《上海电影志》编纂委员会编，上海：上海社会科学院出版社，1999年10月

30. 《上海日用工业品商业志》，编纂委员会编，上海：上海社会科学院出版社，1999年9月

31. 《北京的服务业》，编写组，北京：东方出版社，1991年1月

32. 《北京市第一商业局史料汇编（1949—1985，综合卷）》，北京市第一商业局史志编写组，1988年6月

33. 《北京志商业卷饮食服务志》，北京市地方志编撰委员会，北京：北京出版社，2008年7月

34. 《中国工商业的社会主义改造北京卷》，北京：中共党史出版社，1991年

35. 《广东省志文化艺术志》，广东省地方史志编撰委员会编，广州：广东人民出版社，2001年8月

36. 《中国工商业的社会主义改造广东卷广州分册》，北京：中共党史出版社，1993年

37. 《中国摄影学会成立大会专刊》（版本一、版本二），中国摄影学会编，1956年

38. 吴印咸著，《摄影艺术表现方法》（上），北京：中国电影出版社，1961年12月

39. 吴印咸著，《摄影艺术表现方法》（下），北京：中国电影出版社，1964年9月

40. 《摄影艺术论文选集》（第一集），中国摄影学会理论研究部编，上海：上海人民美术出版社，1962年3月

41. 《人像摄影艺术参考资料汇集》（第一集），中国摄影学会武汉分会、湖北省饮食服务公司合编，1964年11月

42. 《一九八一年摄影理论年会论文稿》，中国摄影家协会编印

43. 《1982—1983年摄影理论年会论文集》，中国摄影家协会编印

44. 《人像摄影论文集》，辽宁省人像摄影学会，1982年3月

45. 《摄影文集》，中国摄影家协会上海分会编印，1983年

46. 《中国摄影家辞典》，山东大学《中国摄影家辞典》编委会，济南：山东大学出版社，1985年6月

47. 龙熹祖编著，《中国近代摄影艺术美学文选》，天津：天津人民美术出版社，1988年2月

48. 《广东摄影学会史料专辑》，广东省摄影家协会编辑出版，1997年5月20日

49. 陈永国主编，《视觉文化研究读本》，北京：北京大学出版社，2009年1月

50. David King, *The commissar vanishes: the falsification of photographs and art in Stalin's Russia*, Metropolitan Book, 1997

51. 晋永权著，《红旗照相馆：1956—1959年中国摄影争辩》，北京：金城出版社，2009年初版，2014年修订版

52. 晋永权著，《合家欢：20世纪50—80年代的民间相片》，北京：中国摄影出版社，2012年

**二、主要参考报刊**

《北京晚报》《北京日报》《天津日报》《新民晚报》《解放日报》《羊城晚报》
《人民日报》《中国摄影报》《摄影工作》《大众摄影》《中国摄影》

**三、主要参考文章**

1. 吴群，《中国摄影学会第一届理事会常务理事会工作报告》（1956年12月—1960年7月）

2. 吴印咸，《批判资产阶级艺术观点》，刊发于《大众摄影》，1958年8月

3. 石少华，《争取我国摄影艺术更大的繁荣——在中国摄影学会第二次会员代表大会上的报告》，1960年7月3日

4. 本刊记者，《首都照相业红旗飘飘》，刊发于《大众摄影》，1958年11月

5. 彭高瑞，《提高照相技术和服务本领——北京市照相业技术表演大会参观记》，刊发于《大众摄影》，1959年8月

6. 曹宝贞，《新中国照相业的十年》，刊发于《大众摄影》，1958年9月

7. 《最后通牒——向旧世界宣战》，北京二中红卫兵，《人民日报》，1966年8月26日

8. 《如此照相》，中央广播说唱团相声演员姜昆、李文华合作创作相声，1979年

## 四、主要参考文献、档案

### （一）北京

1. 《照相、理发业情况调查报告》，1949年

2. 《市工商局关于本市私营照相业营业情况的调查报告及有关文件材料》，1953年

3. 《北海公园管理处接揽翠轩、北海摄影社的报告市府的通知》，1954年

4. 《市府关于禁止笔记本、手册等印国旗、国徽、领袖像的通知》，1954年

5. 《市工商局关于安置上海私营饮食服务业部分过剩人员与有关单位的来往文书》，1955年

6. 《对饮食、旅店、理发、照相、浴池业基本情况的调查报告》，1955年

7. 《关于大北照相馆、西四、东四、西柳树井浴池和西单、东单理发馆情况简单介绍》，1955年

8. 北京市社会福利局关于六户服务商号迁京的问题，1955年

9. 《关于上海迁京洗染店照相馆价格问题的请示局的批复及签订的协议书》，1956年

10. 《1958年召开的照相业专业会议文件》，1958年

11. 《关于本市饮食服务业机构设置状况的报告》，1963年

12. 《三元店、鸿兴饭馆、西柳树井浴池、中国照相馆的先进事迹材料》，1964年

13. 《关于服装加工行业如何对待奇装异服问题的意见、请示和市财办的批复》，1964年

14. 《文化部美术研究所反映商场有个别橱窗陈设布置反映了浓厚的资产阶级思想请查处的函》，1964年

15. 《关于天安门照相价格和降低、调整毛主席照片价格的请示、通知及商业部市革委的批复》，1967年

### （二）上海

1. 《上海市照相馆商业同业公会概况》，1952年

2. 《照相馆商业同业公会关于申请全业公私合营的报告》，1955年

3. 《关于取缔黄色照片和进一步加强照片社管理的联合通知》，1958年

4．《关于加强上海市摄影图片社工作的报告》，1959年

5．《关于文化艺术性照片编辑审查问题的请示》，1961年

6．《上海市文化局关于农民喜欢看什么样的照片的材料》，1962年

7．《中共上海市第二商业局党委关于中国照相馆上海市先进集体登记表》，1963年

8．《中国照相馆关于走资本主义道路的有关材料》，1963年

9．《关于加强对各种人物照片和歌曲照片印制、出售管理的联合通知》，1964年

10．《中央工商行政管理局、文化部、商业部等关于加强各种人物照片和歌曲照片印刷、出售管理的联合通知》，1964年

11．《上海市工商行政管理局、上海市第一商业局、上海市第二商业局等关于执行加强人物照片和歌曲照片管理规定的联合通知》，1964年

12．《上海市出版局关于照片的处理意见》，1964年

13．《商业部、上海市第一商业局等关于加强对各种人物照片、歌曲照片、年画、贺年片插图等印制出售管理的通知、意见、汇报》，1964年

14．《中央工商行政管理局、文化部、商业部、新华通讯社关于加强对各种人物照片和歌曲照片印制出售管理的联合通知》，1964年

15．《上海市工商行政管理局关于开会讨论加强对人物照片、歌曲照片管理问题的通知》，1964年

16．《上海市工商行政管理局关于召开研究戏剧照片等的处理问题会议的通知》，1964年

17．《上海市工商行政管理局关于召开研究戏剧照片等的处理问题会议的通知》，1964年

18．《上海市第二商业局关于降低毛主席照片价格的通知》，1967年

19．《关于照相馆问题的检查报告》，1969年


（三）天津

1．《花样照片》，市税务局，1950年

2．《照像业历史沿革（文件级）》，市福利公司，1957年

3．《照像业服务手册》，市福利公司，1957年

4. 《照像业天津会议工作总结》，市福利公司，1958年

5. 《照相业天津会议总结发言（草稿）》，第二商业部饮食服务业管理局，1958年

6. 《24个城市四个省照相业联合倡议书（文件级）》，三商局，1958年

7. 《照相业调价工作小结》，饮食福利公司，1962年

8. 《关于照相业着色价格调低的请示》，副食品局，1963年

9. 《关于加强对各种人物照片和歌曲照片印刷出售管理的通知、执行情况向领导的汇报》，1964年

10. 《函送理发照相业移风易俗工作总结》，市饮食公司，1965年

11. 《关于补发有关加强对电影演员照片和歌曲照片印刷出售管理的通知》，文化部商业部工商总局，1979年

12. 《贯彻中宣部禁止印售外国港澳明星照片》，天津市文化局、天津市出版局、天津市第一轻工业局、天津市第二商业局、天津市工商行政管理局，1980年


**（四）广东**

1. 《复关于悬挂领袖像的几个问题》，中央宣传部办公室，1955年

2. 《照相业技术标准》，省商业厅，1956年

3. 《有关处理黄色照片问题的意见》，省文化局，1958年

4. 《中国摄影学会广州分会工作报告》，中国摄影学会广州分会，1958年

5. 《政治挂帅，解放思想，大闹技术革命》，汕头市公元摄影化学厂，1958年

6. 《高举总路线红旗，勇往直前，继续跃进》，广州北区艳芳相馆，1959年

7. 《批转广州海关"关于从港、澳邮递进口的印有反动电影明星照片的日月历贺年片的处理意见"》省委宣传部，1959年

8. 《关于充分运用照片宣传广东建设伟大成就的通知》，省委宣传部，1959年

9. 《西德摄影记者韦贝尔先生及其助手具克小姐来交易会事》，中国出口商品交易会，1962年

10. 《关于创造新英雄人物形象问题》，省委文教部，1962年

11.《关于停演有鬼魂形象和迷信的剧目（节目）的通知》，省文化局，1963年

12.《作协、剧协、音协、美协、影协、曲协、舞协、摄影学会等各分会章程》，广东省文联，1963年

13.《关于坚决取缔内容反动淫秽、荒诞的图书和黄色图片、唱片的通知》，省人委，1963年

14.《关于几种外版画册和党史图片资料停售》，文化局新华书店，1964年

15.《转发〈加强对各种人物照片和歌曲照片印制、出售管理的通知〉》，省工商局、省商业厅等，1964年

16.《接待英国职业摄影师凯什计划及简报》，省外贸局，1964年

17.《立足战备，面向农村，塑造更多的革命英雄形象去占领阵地》，周国瑾，1965年

18.《关于大量制作毛主席照片几个问题的通知》，省委宣传部，1966年

19.《关于复制毛主席像底片的一些意见》，新华社摄影部，1966年

20.《关于在报刊上公开点名批判的人物的书籍、文章、图片、照片全部封存的通知》，省委宣传部，1966年

21.《坚定不移地走为工农兵服务的道路——广州人民摄影店》，会议秘书处，1972年

22.《在广东省美术摄影工作座谈会上的总结发言》，于波，1973年

文景
Horizon

社科新知 文艺新潮

## 佚名照

晋永权 编著

出 品 人：姚映然
出版统筹：汪家明
特约编辑：左微微
责任编辑：熊霁明
装帧设计：陈小娟 刘 佳
营销编辑：高晓倩
图书策划：传世活字国际文化传媒（北京）有限公司

出 品：北京世纪文景文化传播有限责任公司
　　　　（北京朝阳区东土城路8号林达大厦A座4A 100013）
出版发行：上海人民出版社
印 刷：天津图文方嘉印刷有限公司

开 本：700mm×1000mm 1/16
印 张：51.5 字 数：68,000
2020年10月第1版 2021年4月第2次印刷
定 价：298.00元
ISBN：978-7-208-16576-2 / J·577

图书在版编目（CIP）数据

佚名照 / 晋永权编著. —— 上海：上海人民出版社，
2020
　ISBN 978-7-208-16576-2

Ⅰ. ①佚… Ⅱ. ①晋… Ⅲ. ①社会生活 – 史料 – 中国
– 图集 Ⅳ. ①D669-64

中国版本图书馆CIP数据核字(2020)第119460号

# 出版声明

　　本书刊载图片是作者基于学术研究，从旧书、旧货市场公开销售的老旧物资中购得。因此，无法得知照片的拍摄者、被拍摄者与权利人的准确信息，更无法取得联系。如照片的相关权利人可以看到本书，请与我们联系，进一步协商未尽事宜。

　　联系方式：TYPEINTERNATIONAL@126.COM